Gerhard Vana

Spielarchitektur und Baukunst
Modell und Material

Gebr. Mann Verlag · Berlin

Gerhard Vana

Spielarchitektur und Baukunst
Modell und Material

Gebr. Mann Verlag · Berlin

Bibliografische Information der Deutschen Nationalbibliothek
Die Deutsche Nationalbibliothek verzeichnet diese Publikation in der Deutschen Nationalbibliografie; detaillierte bibliografische Daten sind im Internet über http://dnb.dnb.de abrufbar.

© 2024 Gebr. Mann Verlag · Berlin
Berliner Straße 53
10713 Berlin
info@reimer-verlag.de
www.gebrmannverlag.de

Alle Rechte vorbehalten.

Der Verlag behält sich die Verwertung des urheberrechtlich geschützten Inhalts dieses Werkes für Zwecke des Text- und Data-Minings nach § 44b UrhG ausdrücklich vor. Jegliche unbefugte Nutzung ist hiermit ausgeschlossen.

Gedruckt auf säurefreiem Papier, das die US-ANSI-Norm über Haltbarkeit erfüllt.

Covergestaltung: vana-architekten · Wien
Layout und Satz: Alexander Burgold · Berlin
Schrift: URW DIN
Papier: 130 g/m² PrimaSet
Druck und Verarbeitung: Hubert & Co · Göttingen
Printed in Germany
ISBN 978-3-7861-2927-1

Inhalt

Vorwort	6
1. Stilarchitektur und Baukunst	10
2. Die Wiederkehr der Kunst	16
3. Internationale Architektur	64
4. Die Baukunst vor dem Kriege …	108
5. Rückblick auf eine Architektur	134
Literatur	145
Bildcredits	155

01 Gerhard Vana, Teilen und Schichten. Studienarbeit im Rahmen der Lehrveranstaltung von Franz Lesák *Grundlagen des Plastischen Gestaltens*, TU Wien, Studienjahr 1980/81

Vorwort

> „Es bezeichnet jedes begriffliche Auseinandersetzen, und sei es noch so sehr der Anschauung verhaftet, daß es sich verselbständigt und um seiner spezifischen Struktur willen nicht alle Divergenzen des Kunstgeschehens ausdrückt."[1]
> Carl Einstein

Der hier vorgelegte Text ist als Fortsetzung von *Metropolis: Modell und Mimesis*, das 2001 im gleichen Verlag erschien, gedacht und basiert auf zwei Vorträgen, die ich im Rahmen des achten und elften architekturtheoretischen Kolloquiums der Stiftung Bibliothek Werner Oechslin gehalten habe. Werner Oechslin ersuchte mich um eine schriftliche Fassung, konnte die Herausgabe aber nicht realisieren. Der Text hat allerdings eine lange Vorgeschichte: Zum ersten Mal kam ich als Student von Franz Lesák, damals Professor für Plastisches Gestalten und Modellbau an der Technischen Universität Wien, im Rahmen seiner Lehrveranstaltung *Grundlagen des Plastischen Gestaltens* mit dem Thema Baukasten in Berührung. Im Studienjahr 1980/81 lautete eine seiner Übungsaufgaben „Teilen und Schichten". Der Aufgabenstellung war eine Abbildung zu Fröbels dritter Spielgabe beigegeben.[2]

---

1 Carl Einstein: ~~Neger~~plastik, München: Wolff (1920), S. 17. Der Titel von Einsteins Publikation wird heute als rassistisch gesehen und wird, um auf diesen Umstand hinzuweisen, hier und im weiteren einer Praxis aus dem Ausstellungswesen folgend teilweise durchgestrichen. Das vor mehr als hundert Jahren publizierte Werk wirbt für ein Verständnis indigener Kulturen. Es erscheint dem Verfasser problematisch, wenn eines der Hauptwerke eines linken jüdischen Autors aus Berlin, der zunächst emigrierte, dann in Spanien gegen Franco kämpfte und schließlich nach dem Einmarsch der deutschen Truppen in Frankreich 1940 keinen anderen Ausweg als den Freitod sah, zum Opfer einer Art Damnatio memoriae würde, die zwar gut gemeint sein mag, aber andererseits dem Rassismus einen eigenen Sprachraum zuzuweisen geeignet ist, der ihm keinesfalls zusteht. Dafür, dass die Semantik durch den Gebrauch bestimmt wird und sich diese daher ändern lässt, gibt gerade die Kunstgeschichte zahlreiche Beispiele, wo Stilbezeichnungen anfänglich oft pejorativ konnotiert waren.

2 Friedrich Fröbel: *Das dritte Spiel des Kindes*. In: Heinrich Seidl: *Friedrich Fröbel's Kindergartenwesen* (Pädagogische Klassiker Bd. 12, Neue Serie Bd. 2), Wien: Pichler's Witwe (1883), S. 196.

Vorwort

Lesák gebührt zudem das Verdienst, in den 1980er-Jahren dann ein Projekt über Baukästen angestoßen zu haben, mit dem auch der Aufbau einer Sammlung verbunden war. Mit einem letzten Forschungsprojekt wurde es bis in das Jahr 2003 betrieben, bis es unter seinem Nachfolger keine Fortsetzung mehr fand und die zugehörigen Sammlungen bei einem Umzug in Kisten verschwanden. Als sein Assistent hatte ich bis 1996 viele Jahre die Aufgabe, diese Sammlung aufzubauen, deren Bearbeitung zu betreuen und das Projekt teilweise auch zu leiten. Es ist an dieser Stelle auch noch anderen Kollegen zu danken, die im Rahmen des Projekts besonders wichtige Beiträge geleistet haben: Anita Aigner, Edith Futscher, Peter Hanousek, Barbara Kübler, Harald Lutz, Christian Maryška und Werner Neuwirth.

Das vorliegende Konzept wurde schon Ende der 1980er-Jahre von mir vorgeschlagen, fand damals jedoch leider kein Verständnis. Im Jahr 2001 war es dann Grundlage meines Beitrags im Rahmen des letzten geförderten Forschungsprojekts zum Thema Baukasten, das ich mit Anita Aigner, die damals die Projektleitung übernommen hatte, und Edith Futscher bearbeitete. 2003 bildete die erste Version dieses Textes den vorläufigen Abschluss meiner Arbeit. Teile der Ergebnisse, die damals neu waren, sind daher heute aus anderen Quellen bekannt. Weitere Informationen sind auch im Zuge der Digitalisierung inzwischen zugänglich geworden.

Karin Müller-Reineke danke ich, nicht nur auf diesen Text bezogen, für ihre unermüdliche und liebevolle Unterstützung. Ruth Müller-Reineke und Merle Ziegler nahmen dankenswerterweise die nochmalige Durchsicht des Textes auf sich.

02   Henry van de Velde: Cover zu Hermann Muthesius: *Stilarchitektur und Baukunst* (1902)

1 Stilarchitektur und Baukunst

„Bauen also, bauen, nicht Architektur. Das ist die Devise jener Reform, welche um die Jahrhundertwende kräftig einsetzte, Bauen – und Konstruieren."
    Julius Posener: *Architektur und Bauen*.
    In: *Umriss* 1/1987. Wien: Museum für Angewandte Kunst (1987), S. 9

In den architekturtheoretischen Diskurs zu Beginn des zwanzigsten Jahrhunderts wurde der Gegensatz von Baukunst und Architektur unter anderem durch Hermann Muthesius mit der während seines Englandaufenthalts[3] 1902 erschienenen Schrift *Stilarchitektur und Baukunst* eingebracht:[4] Die Erneuerung der Architektur in „einem wirklichen neuen Stil"[5] würde erst möglich sein, wenn sie „aus einer schemenhaften Stilarchitektur wieder zu einer lebendigen Baukunst geworden ist", wobei sie sich „an der baulichen Ausübung" früherer Zeiten zu orientieren habe, die „in einer gewissen handwerks- und zunftgerechten Weise dem Alltagsbedarf der Menschheit […] gerecht wurde". Zukunftsweisender als die „Verirrungen" des „sogenannten Jugend- und Sezessionsstils", „die auf kein Material Rücksicht" nähmen, wäre „die wissenschaftliche Sachlichkeit" in den Werken der Ingenieure. „Auch im allgemeinen genommen scheint es mit dem Geiste einer im ganzen sachlich und nüchtern denkenden Zeit wie der unseren wenig vereinbar, ein Material im entgegengesetzten Sinne davon zu behandeln, wie es seine Natur erfordert."

    Jenseits akademischen Wissens über historische Bauformen gerät dabei in der Orientierung an einer „einfach-natürlichen vernunftgemäßen Bauweise"[6] die Frage nach dem Material und seiner angemessenen Verarbeitung in den Fokus, dessen gewissermaßen natürlich gegebene Bedingungen gestaltwirksam werden sollten.

---

3   Fedor Roth: *Hermann Muthesius*. Berlin: Gebr. Mann (2001), S. 279.
4   Vgl. Julius Posener: *Architektur und Bauen*. In: *Umriss* 1/1987, Wien: MAK (1987) S. 9ff., hier S. 9. Posener datiert die Schrift auf 1901, wie erstaunlicherweise auch die Prägung am Einband der Erstausgabe. Im vorliegenden Exemplar befindet sich über der Jahreszahl im Innentitel eine Überklebung.
5   Hier und im folgenden: Hermann Muthesius: *Stilarchitektur und Baukunst*. Mühlheim a. d. Ruhr: K. Schimmelpfeng (1902), S. 45–67.
6   Muthesius (1902) S. 61.

Spielarchitektur und Baukunst

Das Thema „Material und Stil"[7] wurde dann 1910 auf der dritten Tagung des Deutschen Werkbundes in Zusammenhang mit der von Peter Behrens gestalteten Ton-, Zement- und Kalkindustrie Ausstellung in Berlin ausführlich diskutiert. Karl Ernst Osthaus, der dort auch das von ihm 1909 gegründete Deutsche Museum für Kunst in Handel und Gewerbe vorstellte, vertrat in seinem Beitrag[8] die Auffassung:

„Sie sehen also, wie man keineswegs sagen kann, daß das Material schlechthin den Stil einer Zeit bestimmt. Es ist vielmehr immer ein bestimmtes Material, das die Führung übernimmt und den anderen seine Wesensform aufzwingt."[9]

Eine Rolle, die nunmehr – wohl auch nicht ganz unbeeinflusst durch die oben erwähnte Ausstellung – dem Beton zukomme, nachdem Eisen, das Muthesius 1902 noch als zukunftsweisend ansah,[10] seinen „Stil verpasst" habe.[11] Die technischen Möglichkeiten des Betons erlaubten es, „daß wir also zu einer viel größeren Freiräumigkeit bei seiner Anwendung kommen [... und] daß bei Etagenbauten die Grundrisse der oberen Etagen unabhängig von den Grundrissen der unteren Etagen entworfen werden können".[12] Andererseits schränke Beton die formalen Möglichkeiten dadurch ein, dass „er in Kästen gestampft"[13] werde und daher „zu einer viel kompakteren Gestaltung der Bauformen"[14] führe. Worauf eine scheinbare Beobachtung folgt, die eigentlich resümierend den Kern seiner These darstellt: „Es ist sehr merkwürdig,

---

7   *Die Durchgeistigung der deutschen Arbeit. Ein Bericht vom Deutschen Werkbund.* Jena: Diederichs (1911), S. 21ff.
8   Ebd.
9   Osthaus (1911), S. 26. Die These, dass das Material den Stil bestimme, schreibt Osthaus ein paar Seiten vorher Semper zu. Siehe Osthaus (1911), S. 24.
10 Muthesius (1902), S. 41.
11 Osthaus (1911), S. 26.
12 Osthaus (1911), S. 27. Letzteres nannte Le Corbusier mehr als 25 Jahre später den „freien Grundriss". Le Corbusier soll dem Vortrag von Osthaus beigewohnt haben. S. Mateo Kries: *Le Corbusier in Deutschland.* In: Ders. (Hg.): *Le Corbusier: Studie über die Deutsche Kunstgewerbebewegung.* Weil am Rhein: Vitra Design Museum (2008), S. 7ff., hier S. 44f. Sowie: Le Corbusier und Pierre Jeanneret: *Fünf Punkte zu einer neuen Architektur.* In: Alfred Roth: *Zwei Wohnhäuser von Le Corbusier und Pierre Jeanneret.* Stuttgart: Wedekind (1927), S. 5ff., hier S. 7.
13 Osthaus (1911), S. 27; ebenso Emil von Mecenseffy: „Alle Gestaltungen des Beton- und Eisenbetonbaus sind ausnahmslos einer Beschränkung unterworfen, die in ihrer unabänderlichen Herstellungsweise ihren Grund hat: Sie werden in Kästen gestampft und die Rücksicht auf die Herstellung der Form legt dem entwerfenden Baumeister zunächst weitgehende Entsagung auf." Emil von Mecenseffy: *Die künstlerische Gestaltung der Eisenbetonbauten* (Erster Ergänzungsband des Handbuchs für Eisenbetonbau). Berlin: Ernst & Sohn (1911), S. 13.
14 Osthaus (1911), S. 27.

daß gerade zu derselben Zeit, da der Beton aufkommt und im Reiche der Architektur herrschend wird, auch andere Materialien zu ganz ähnlichen Formen drängen."[15]

Die Diskussion führte aber spätestens dann zum Mimesis-Komplex der Architekturtheorie zurück, sobald Theodor Fischer in seinem direkt anschließenden Beitrag den vitruvianischen Zimmermannstempel als Beispiel vorbrachte.[16] So bleibt hier Bauen ein Thema der Architektur. Das muss nicht überraschen, denn Architekten bauen nicht selbst, sondern sie „bauen in der Vorstellung"[17], wie Paul Frankl – eigentlich in eigener Sache als Kunsthistoriker – in seiner Einleitung zu *Die Entwicklungsphasen der neueren Baukunst* schreibt:

„Der Werkplan, der mit seinen erläuternden Notizen alles enthält, wonach das Gebäude tatsächlich ausgeführt wird, ist selbst nur demjenigen auszudenken und zu zeichnen möglich, der eine anschauliche Vorstellung im Geiste zu schaffen vermag. Dieses Bauen in der Vorstellung, dieser wichtigste grundlegende Prozess setzt eine Zerlegung des Gesamtbildes in anschauliche Teile voraus und dies selbe Zerlegen in begrifflich fassbare Glieder leistet die Beschreibung für das fertige Objekt, sie erschafft dem Beschauer nochmals jenes Gedankenbild, läßt es nochmals in seinem Geiste entstehen. Ohne die erneute Tätigkeit bleibt das Schauen stumpf."[18]

Bauen ist, wie es Hendrik Petrus Berlage 1908 ausdrückt, „nicht die Kunst des Einzelnen, sondern die Kunst aller, die Kunst der Gemeinschaft, in der sich der Zeitgeist wiederspiegelt [sic]; denn zur Herstellung eines Bauwerks ist doch die ganze Nutzkunst und mit ihr sind doch alle Arbeiter nötig. Sie fordert ein Zusammenwirken aller Kräfte..."[19] In Architekturbüros werden daher nur Zeichnungen und physische oder seit einigen Jahren virtuelle Modelle hervorgebracht. Ohne diese Modellbildungen ist weder das Entwerfen noch das Bauen und, wie von Paul Frankl festgestellt, auch nicht das Rezipieren von Architektur möglich. Dabei ist es nicht wesentlich, ob es sich bei den Modellen um dreidimensionale physikotechnische Kontraktionsmodelle, um zweidimensionale Grafiken oder sogar nur um Vorstellungen handelt. Entscheidend ist vielmehr, dass die Bilder immer unvollständig sind. Diese Beschränkung auf die

---

15 Ebd.
16 Theodor Fischer in: *Die Durchgeistigung der deutschen Arbeit. Ein Bericht vom Deutschen Werkbund.* Jena: Diederichs (1911), S. 29ff., hier S. 30. S. auch die Analogien zwischen Holz- und Stahlbetonbau in Mecenseffy (1911), S. 24ff. und S. 78f., Abb. 51–53.
17 Paul Frankl: *Die Entwicklungsphasen der neueren Baukunst.* Leipzig und Berlin: Teubner (1914), S. 6.
18 Ebd.
19 H. P. Berlage: *Grundlagen und Entwicklung der Architektur.* Berlin: Brad (1908), S. 119.

Spielarchitektur und Baukunst

03 Holzbau und Stahlbetonbau. Doppelseite aus Emil von Mecenseffy: *Die künstlerische Gestaltung der Eisenbetonbauten* (1911)

Darstellung ausgewählter Eigenschaften ist kein Manko, sondern der wesentliche Vorteil des Modells, der erst Konzeption und Durchführung von Modelloperationen ermöglicht.[20] So betrachtet, erscheint die Frage nach den Bildern des Bauens und der damit verbundenen Materialvorstellung, die auch die Architekten des frühen 20. Jahrhunderts offensichtlich in sich trugen, wesentlich.

Um sich dem Thema anzunähern, werden drei „Baukästen" im Werk dreier Architekten der frühen Moderne als Modelle des Bauens betrachtet:
Zunächst der Glasbaukasten *Dandanah*, den Bruno Taut 1920 aus Glassteinen, die Blanche Mahlberg erfunden hatte, konzipierte, dann der *Baukasten im Großen*, ein Entwurf für ein variables Einfamilienhaus, den Walter Gropius 1922, offenbar in Anlehnung und Erinnerung an den Anker-Steinbaukasten, plakativ so nannte, und

---

20 S. Herbert Stachowiak: *Allgemeine Modelltheorie*. Wien, New York: Springer (1973).

schließlich der *Ingenius-Baukasten*, den Wilhelm Kreis zwischen 1922 und 1924 mit Carl August Jüngst in seinem Ingenieurbüro als kommerzielles Produkt entwickelte. Baukästen werden dabei nicht als frühkindliche Prägung thematisiert,[21] ohne dass diese verneint werden soll, sondern als Modelle des Bauens im Werk von Architekten, die sich in ihrer Lebensmitte befanden: Zum Zeitpunkt ihrer Baukastenentwürfe waren Taut und Gropius immerhin schon 40, Kreis 50 Jahre alt. Dabei soll auch der Suche der modernen Architekten nach der historischen Voraussetzungslosigkeit nachgegangen werden, die, vielleicht umgekehrt zu einer frühkindlichen Prägung, im Kinderspiel bewusst die Überwindung ihrer „Kulturhemmung"[22] suchten.

---

21 S. zum Beispiel Adolf Max Vogt: *Le Corbusier, der edle Wilde. Zur Archäologie der Moderne.* Braunschweig, Wiesbaden: Vieweg (1996), S. 213ff. oder Norman Brosterman: *Inventing Kindergarten*. New York: Abrams (1997), S. 134ff., die beide auch auf die Arbeit Marc Solitaires verweisen.

22 „Von jeher war die Verwandtschaft klar zwischen dem unverbildeten Kinde und Naturmenschen, dem die Kulturhemmung überwindenden Narren und dem Genius." Hermann Finsterlin: *Die Genesis der Weltarchitektur oder die Deszendenz der Dome als Stilspiel*. In: *Frühlicht. Frühling 1922*. Berlin: Gebr. Mann (2000), S. 73. Vgl. auch Gerhard Vana: *Die Überwindung der Kulturhemmung. Stil, Architektur und unschuldiges Bauen*. In: Gunda Luyken (Hg.): *Kunst – ein Kinderspiel* (Ausst.-Kat. Kunsthalle Schirn Frankfurt). Frankfurt: Revolver (2004), S. 203–209.

04 Arnold Topp: Cover zu Adolf Behne: *Die Wiederkehr der Kunst* (1919)

2 Die Wiederkehr der Kunst

„Nein, um uns auch nur einen Schritt jener wahren Kultur näher zu bringen, in der nicht mehr die Künstler unnütze Glieder der menschlichen Gesellschaft sind, Menschen, die gewerbsmäßig Bilder malen und Statuen modellieren und die Dinge außerhalb ihres Ateliers mit dem fatalen Achselzucken des Unbeteiligten laufen lassen, wie sie eben laufen, dazu ist die Werkbundbewegung ganz und garnicht geschaffen. Denn wenn zwar der Werkbund Künstler zur sogenannten praktischen Arbeit in technischen, industriellen und kaufmännischen Angelegenheiten benutzt, so erreicht er nichts als eine besser lackierte Oberfläche mit zweifelhaftem Erfolge. An den bestehenden Zuständen der Tiefe will ja der Werkbund nichts ändern. Er erkennt die Basis unserer Kulturlosigkeit ausdrücklich als vernünftig an, so daß er letzten Endes die Künstler, statt sie zur Arbeit an unserer Kultur zu bewegen, nur härter noch zu Sklaven der bestehenden Misere herunterdrückt. Die Hoffnung auf die moderne Reformarbeit ist ganz eitel."
Adolf Behne: *Die Wiederkehr der Kunst.* Leipzig: Wolff (1919), S. 11f.

Unmittelbar nach Ende des Ersten Weltkrieges, auf der Suche nach einem radikalen kulturellen Neuanfang, wird die Reformarbeit des Deutschen Werkbundes also kritisch gesehen. Denn sie zielte nicht auf eine Veränderung der gesellschaftlichen Verhältnisse, sondern im Kern auf die Verbesserung der nationalen Wettbewerbsfähigkeit einer Gesellschaft ab, deren Werte in die Katastrophe des Ersten Weltkriegs führten. So schloss das Vorwort zur Publikation der Werkbundtagung 1914 mit den Worten: „Zum ersten Mal haben die Vertreter aller germanischen Völker [...], sich bei dem Deutschen Werkbund in Köln zusammengefunden, um über den siegreichen Fortgang des Deutschen Werkbund-Gedankens zu berichten. Diese Kulturgemeinschaft setzt sich in diesem Krieg auch in politische Werte um, deren Wirkung erst hinter diesem Krieg bemessen werden kann. Es ist eine Lust, ein Deutscher zu sein!"[23]

In der Diskussion über den Beitrag von Hermann Muthesius, der eine Abkehr vom individuellen Künstlertum zugunsten einer Typisierung der Formen befürwortete,

---

23 Hermann Muthesius: *Die Werkbundarbeit der Zukunft.* Jena: Diederichs (1914), o. S.

Spielarchitektur und Baukunst

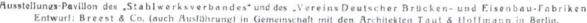

05 Bruno Taut: Monument des Eisens, 1913. Aus: DBZ 47. Jg., Nr. 71, 3.9.1913, S. 627

Pagode von Schloss Chanteloup. Foto: Autor 2017

bezog Bruno Taut schon damals radikal Stellung, indem er vorschlug, „in allen Dingen, die künstlerische Fragen angehen, zur Organisation einen anerkannten Künstler als Diktator zu wählen",[24] der die Kommissionen des Werkbundes ersetzen sollte. Für die Werkbundausstellung 1914 hatte Bruno Taut ja sein berühmtes Glashaus errichtet – das über den wirtschaftlichen Kontext weit hinauswies –, indem er „seine sehr materielle Funktion als Werbebude und seinen ihm zugedachten Inhalt als Produktschau der Glasindustrie konvertiert und einen kleinen Tempel der Schönheit und spirituellen Öffnung daraus gemacht"[25] hat.

Schon das im Jahr davor im Rahmen der Internationalen Baufach-Ausstellung Leipzig für die Eisen- und Stahlindustrie errichtete Monument des Eisens war als achteckiger Stufenbau entworfen, der mehr an Chinoiserien des Spätbarock[26] erinnert als an einen Messebau. Taut wurde bei dem Stufenbau möglicherweise

---

24 Bruno Taut in: Muthesius (1914), S. 75f.
25 Joachim Krausse: *Kosmisches Haus in Leichtbauweise Tauts Glashauskuppel.* In: Angelika Thiekötter u. a.: *Kristallisationen, Splitterungen. Bruno Tauts Glashaus.* Basel, Berlin, Boston: Birkhäuser (1993), S. 95 ff, hier S. 95.
26 Zum Beispiel an die Pagode von Schloss Chanteloup im Loiretal. Man findet Beispiele auch schon in: Johann Bernhard Fischer von Erlach: *Entwurff einer historischen Architectur.* Wien (1721), S. 97 und 100.

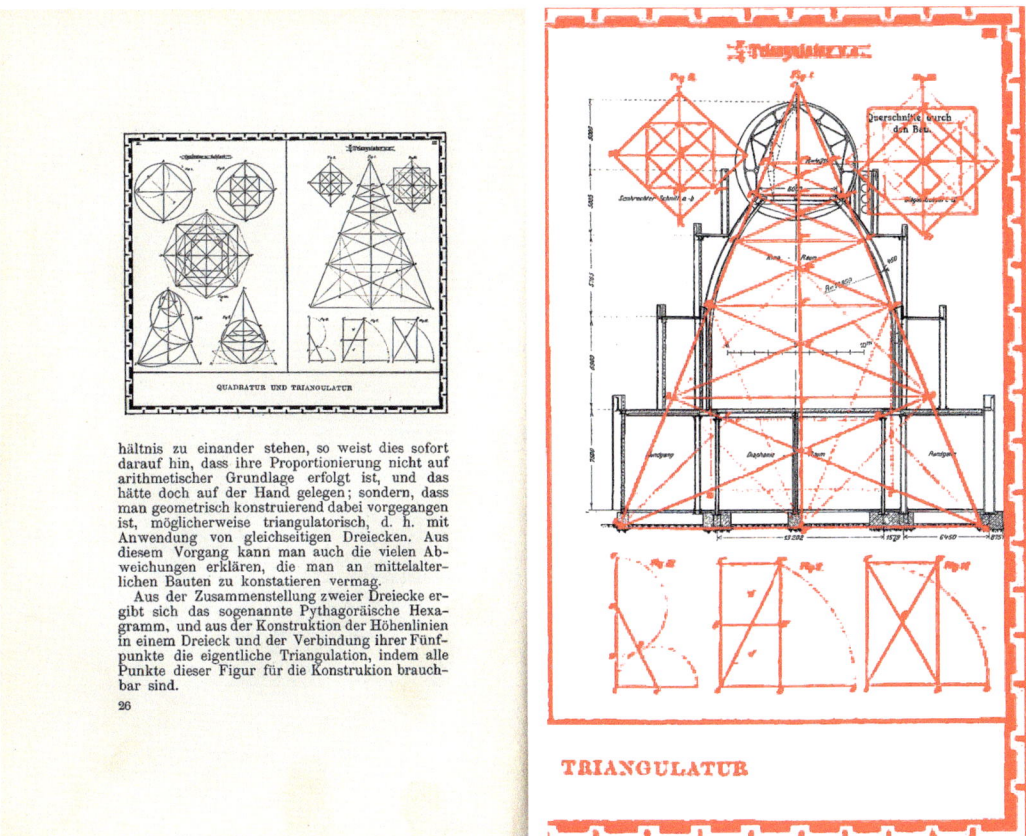

durch eine Abbildung in Berlages *Grundlagen & Entwicklung der Architektur*[27] inspiriert, da er in seinem Exemplar, das er offenbar 1910 von Hans Kaiser als Geschenk erhielt, eine Skizze des Aufrisses zeichnete.[28] Berlage bespricht dort die Triangulation in mittelalterlichen Bauten und referiert dabei das Werk *Das Hütten-Geheimniß vom Gerechten Steinmetzen-Grund*[29] des Alhard von Drach, aus dem er mehrere Illustrationen

06 H. P. Berlage: *Grundlagen und Entwicklung der Architektur* (1908), S. 26

Bruno Taut: Monument des Eisens, 1913, überlagert mit Berlage (1908), S. 26

---

27 H. P. Berlage (1908), S. 26.
28 S. hierzu im Folgenden Robin Rehm: *Bruno Taut's unknown drawing. A history of a design for Monument des Eisens (Monument of Iron) of 1913*. In: Quart (Quarterly of the Institute of Art History at the University of Wrocław) 27 (2013), S. 96–106.
29 Alhard von Drach: *Das Hütten-Geheimniß vom Gerechten Steinmetzen-Grund in seiner Entwicklung und Bedeutung für die Kirchliche Baukunst des Deutschen Mittelalters dargelegt durch Triangulatur-Studien*. Marburg: Elwert'sche Verlagsbuchhandlung (1897).

übernimmt. Auf Seite 26 bildet Berlage Tafel III ($\pi/4$ *Triangulatur u. a.*) daraus ab. In diese Triangulatur (dort Fig. 1) skizziert Taut den Aufriss für sein Monument des Eisens, wobei er die Geschosshöhen jeweils entlang der sich progressiv im Verhältnis 1 zu Wurzel 2 verkleinernden Seiten anordnet. In der *Deutschen Bauzeitung*[30] findet sich 1913 ein Bericht über das Monument des Eisens, dem Planzeichnungen mit Maß- und Profilangaben beigegeben sind. Eine Überlagerung der Abbildung in Berlages Publikation mit der dort publizierten Schnittzeichnung des ausgeführten Baus ergibt erstaunliche Übereinstimmungen, doch diese entbehren vielleicht der letzten Stringenz.

Mehr Rätsel gibt die Grundrissform in Monument des Eisens auf, da sie im Gegensatz zu denen der erwähnten architekturhistorischen Vergleichsobjekte kein regelmäßiges Achteck ist, sondern jeweils zweimal vier gleiche Seiten aufweist. Es wäre natürlich verlockend, diesen Grundriss ebenfalls auf eine der von Berlage publizierten Triangulationen aus dem Werk von Drach rückführen zu können.

Aus dem Grundriss in der DBZ lässt sich die Geometrie des Achtecks auf zwei Weisen rekonstruieren: nach den Maßangaben der Pläne oder den Größenangaben im Text folgend. Es ergibt sich zunächst in beiden Fällen – mit geringen Abweichungen untereinander –, dass der Grundriss jedenfalls nicht genau einer Triangulation mit gleichseitigen Dreiecken, wie sie in der Publikation von Berlage propagiert wird, zu folgen scheint: Zwischen den Achsen des Achtecks ergeben sich Winkel von ca. 33 und 57 Grad und nicht 30, 45 oder 60 Grad. Berlage sieht die Wahl der ordnenden geometrischen Figuren allerdings eher pragmatisch: „Als praktische Folge einer solchen Methode zeigt es sich wünschenswert, beim Zeichnen nicht die gebräuchlichen Dreiecke von 60° oder 45°, sondern ein mit dem zugehörigen Verhältnis angefertigtes zu benutzen, indem sich die richtige Führungslinie alsdann immer ergibt."[31] Nach mehreren Versuchen gelang hier nur folgende eventuell mögliche Rekonstruktion der geometrischen Genese des Achtecks, die einigermaßen überzeugen könnte und sich gleichzeitig an die von Berlage publizierten Triangulationen anlehnt: Ordnet man an den Achsen eines Quadrates gleichschenklige Dreiecke mit einem spitzen Winkel von jeweils 30 Grad an, dann gibt die Basis dieser Dreiecke an der gegenüberliegenden Seite des Quadrates mit hinreichender Genauigkeit die Eckpunkte des äußeren Achtecks, das den Grundriss umschreibt. Zudem ergeben sich in den Diagonalen im Schnitt der Dreiecksschenkel vier gleichseitige Dreiecke, die die Lage der Innenwände des „ringförmigen" Ausstellungsraumes definieren.

Andererseits könnte man den Grundriss auch einfach in neun mal neun quadratische Felder unterteilen. Das wären bei einer Gesamtlänge von 24,75 m, die sich

---

30 DBZ, 3.9.1913, Nr. 71, 47. Jg., S. 627.
31 Berlage (1908), S. 61.

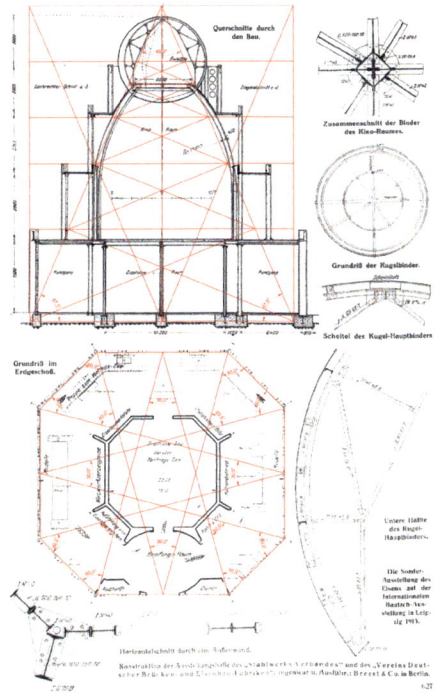
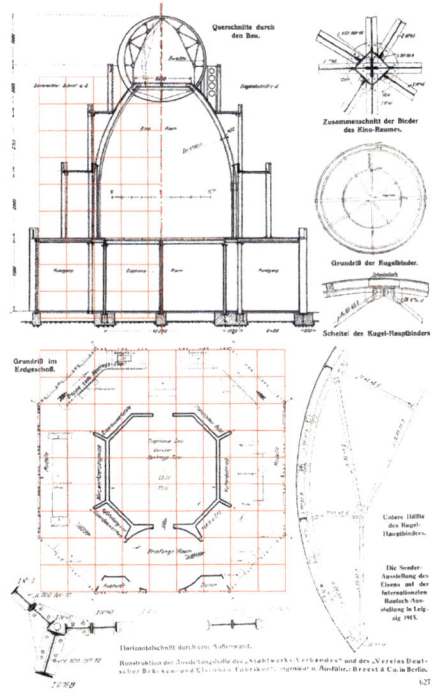

nach den Größenangaben des Textes ergibt, Felder von 2,75 m Seitenlänge. Die Abschrägungen für das Oktogon würden dann genau über die Diagonale der jeweils vier Eckfelder verlaufen. In Berlages Publikation ist auch eine Studienarbeit abgebildet, die Adolf Meyer, der spätere Büropartner von Walter Gropius, als Student an der Kunstakademie Düsseldorf bei Lauweriks gezeichnet hat.[32] In ihr setzt er ein Schema von acht mal acht Feldern rigid in einen Grundriss um.[33]

Diese oktogonale Grundrissgeometrie ist deswegen bemerkenswert, weil sie im Werk Tauts zumindest noch zweimal wiederzukehren scheint: 1916 bestimmt eine ganz ähnliche Form als Zentralraum den Grundriss seines Wettbewerbsbeitrags für das Haus der Freundschaft in Konstantinopel, und 1920 gibt er der Schachtel

07 Bruno Taut: *Monument des Eisens* (1913), Plan DBZ 1913, grafische Eintragungen des Autors: alternativ Triangulation und Feldteilungen

---

32 S. auch Cees Zoon: *Auf dem Wege zu einer monumentalen „Nieuwe Kunst" – Die Proportionslehre und Entwurfstheorien von J. L. Mathieu Lauweriks*. In: Kaiser Wilhelm Museum, Krefeld, Karl Ernst Osthaus Museum, Hagen, Museum Boymans van Beuningen, Rotterdam: *Maßsystem und Raumkunst. Das Werk des Architekten, Pädagogen und Raumgestalters J. L. M. Lauweriks*. Ausst.-Kat. (1987), S. 33 ff., hier S. 42.
33 Berlage (1908), S. 56.

Spielarchitektur und Baukunst

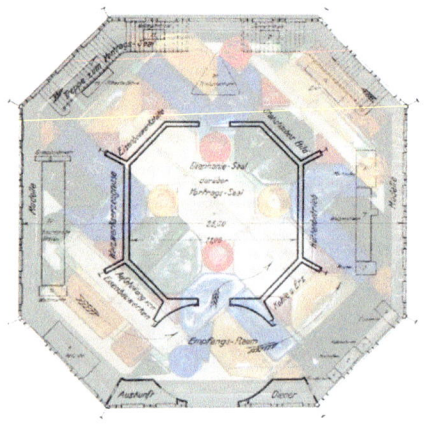

08 Bruno Taut: Monument des Eisens (1913) Plan DBZ 1913; Überlagerung mit Dandanah-Baukasten E. Foto: Verfasser

Dandanah-Baukasten E. Foto: Verfasser

des Glasbaukastens Dandanah die genau gleiche Form. Manfred Speidel[34] sieht die Grundrissform zunächst in einem Zusammenhang mit altindischen Tempelanlagen[35] und später dann mit dem Mausoleum Jabali Sang im Iran.[36] Man könnte hier aber wohl ebenso gut beispielsweise die Grundrisse des Grabmals des Humayun oder des Taj Mahal anführen.[37]

In Tauts Haus der Freundschaft war über dem achteckigen Saal eine Glaskuppel geplant.[38] Die Form des Saales erzeugte im Grundriss jedoch dreieckige (Rest-)Räume, die eine sehr negative Beurteilung der Jury, die ja zum Großteil durch die Teilnehmer selbst gebildet wurde,[39] zur Folge hatte. „Die Schwierigkeit liegt aber darin, daß diese verschiedenen Randsäle nicht nur solche Hilfszwecke haben, sondern auch eigene Funktionen, nämlich Ausstellungen zu beherbergen. Dabei

---

34 Über Taut ist schon viel geschrieben worden, und man darf kaum daran denken, etwas Neues beitragen zu können. Wenn man sich mit ihm auseinandersetzt, muss man immer voranstellen, wieviel den Vorarbeiten, insbesondere denjenigen von Manfred Speidel zu verdanken ist. Wir stehen also immer, wie Umberto Eco es so treffend ausdrückte, auf den Schultern von Riesen.
35 Manfred Speidel/Karl Kegel/Peter Ritterbach: *Bruno Taut. Frühlicht. Konzeptkritik Hefte 1–4, 1921–22 und Rekonstruktion Heft 5, 1922.* Berlin: Gebr. Mann (2000), S. 46.
36 Manfred Speidel: *Bruno Taut. Ex oriente lux. Die Wirklichkeit einer Idee.* Berlin: Gebr. Mann (2007), S. 11.
37 S. Volker Möller: *Indische Architektur.* In: Herbert Härtel und Jeannine Auboyer: *Propyläen Kunstgeschichte.* Bd. 16; Berlin: Propyläen Verlag (1971), S. 197ff., s. S. 234 und 236.
38 Deutscher Werkbund und Deutsch-türkische Vereinigung: *Das Haus der Freundschaft in Konstantinopel.* München: Bruckmann (1918), S. 86 und 89.
39 Deutscher Werkbund (1918), S. 13.

melden sich zwei Einwände: nimmt man diese Räume als Selbstzweck, so ergibt sich, daß sie teilweise, als Reflex der achteckigen Grundrißführung des Mittelsaals, etwas gedrängte und kleinliche Verhältnisse haben. Dies erträgt man leicht, solange es sich nur um Nebenräume handelt, schwerer, soweit etwa in diesen dreieckigen Zipfeln Ausstellungsräume zu räumlichem Leben gebracht werden sollen."[40] Auch die Kuppel selbst wurde teilweise kritisch als regionale Bezugnahme auf die Moscheen Istanbuls rezipiert und nicht als fernöstliche Referenz.[41] Man darf daher fragen, warum Taut sich all diese Probleme durch die Übernahme der Grundrissform eines indischen Tempels oder eines persischen Mausoleums ohne Not hätte aufbürden sollen.

Es darf hier daher eine alternative Spekulation zu dieser achteckigen Geometrie dargelegt werden: Berlage argumentierte schon in der oben erwähnten Publikation seiner Vorträge von 1908 für die Anwendung von geometrischen Schemata im Entwurfsprozess mit der Analogie zur natürlichen Form der Kristalle, die dann im Expressionismus eine zentrale Rolle spielte: „Und ist ein Gebäude nicht zu vergleichen mit einem in der Natur in streng geometrischen Formen vorkommenden Kristall, daselbst aber mit Abweichungen, durch die Umstände bedingt?"[42] André Corboz erwähnt[43], dass Wenzel Hablik, mit dem Taut dann auch später in der Gruppe „Gläserne Kette" verbunden war, sich seit mindestens 1903 für Mineralien interessierte und Objekte seiner Sammlung in einer „pantografischen Umwandlung"[44], also in ‚Vergrößerung', seinen Entwürfen zugrunde gelegt hat. Man könnte dies auch als eine Verwendung manipulationstechnischer Modelle ansprechen. Paul Scheerbart hatte schon 1914 in der Bruno Taut gewidmeten *Glasarchitektur* den Abschnitt „Der Brillanteffekt in der Architektur" verfasst und ihn mit den Sätzen eingeleitet: „Der Brillant wird an den Händen und am Halse geschätzt, in der Architektur wird der Brillanteffekt ganz und gar nicht geschätzt. Ich vermute, daß das nur geschieht, weil der Brillant zu klein und die Architektur zu groß ist."[45]

Artemis Yagou vermutet in ihrer Studie über den Dandanah-Baukasten Ähnliches für Tauts Glashaus,[46] wenn sie dessen Kuppel in Analogie zum „Großmogul", dem weltweit elftgrößten, aber seit 1739 verschollenen indischen Diamanten sieht.

---

40 Deutscher Werkbund (1918), S. 43.
41 Deutscher Werkbund (1918), S. 41.
42 Berlage (1908), S. 42.
43 André Corboz: *Die Kunst, Stadt und Land zum Sprechen zu bringen* (Bauwelt Fundamente Bd. 123). Bertelsmann/Birkhäuser: Berlin, Basel, Boston, Gütersloh (2001), S. 207.
44 Ebd.
45 Paul Scheerbart: *Glasarchitektur*. Berlin: Gebr. Mann (2000), S. 100.
46 Artemis Yagou: *Modernist complexity in a small scale: The Dandanah glass building blocks of 1920 from an object-based research perspective*. Deutsches Museum: Preprint 6 (2013), S. 32.

 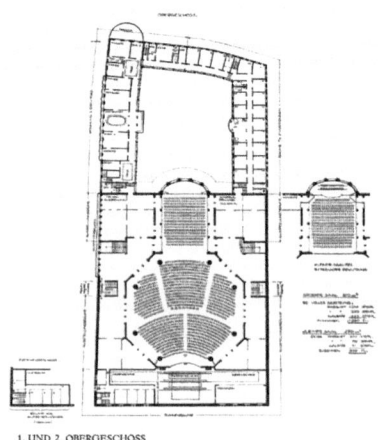

09 Bruno Taut: Haus der Freundschaft (1916), Perspektive des Saales und Grundriss der Obergeschosse. Aus: Deutscher Werkbund und Deutsch-Türkische Vereinigung (Hg.): *Das Haus der Freundschaft in Konstantinopel. Ein Wettbewerb deutscher Architekten*. München: Bruckmann (1918), S. 86 und 89

Einer der dort auf der Fassade des Glashauses unter der Kuppelbasis angebrachten Sprüche Paul Scheerbarts würde sich damit als beziehungsreich herausstellen, denn er lautete: „Größer als der Diamant ist die doppelte Glashauswand."[47]

Auf der Suche nach einem kristallinen Objekt mit vergleichbarer Achteckform, wie Taut sie erstmals im Monument des Eisens verwendete, fällt im zeitlichen Umfeld der von dem holländischen Juwelier Joseph Asscher[48] entwickelte Diamantschliff ins Auge. Der Schliff kann als ein Smaragdschliff in annähernd quadratischer Form – das Seitenverhältnis beträgt in der ursprünglichen Konzeption 1:1,04 – charakterisiert werden und wurde 1902 als erster Schliff überhaupt patentiert.[49] Seine Form soll sich bis in die 1930er-Jahre großer Beliebtheit erfreut haben. Von einem Achteck mit vier kürzeren Seiten ausgehend wird der Stein in mehreren ebenen Facetten zu einer Art kuppelförmigen Oberfläche geschliffen. Möglich, aber nicht zu belegen ist, dass Taut dem Monument des Eisens

---

47 Nach *Bruno Taut 1880–1938*. Ausst.-Kat. Akademie der Künste Berlin (1980), S. 182.
48 Asscher war 1908 besonders im Blick der Öffentlichkeit, da ihm das englische Königshaus das Spalten und Schleifen des „Cullinan", des 1905 gefundenen weltgrößten Diamanten, anvertraut hatte. S. *Deutsche Goldschmiedezeitung*, 9. Jg., Nr. 48, 28.11.1908. S. 1f.
49 S. das französische Patent 324.092 und https://en.wikipedia.org/wiki/Royal_Asscher_Diamond_Company, Abfrage 22.9.2023.

Die Wiederkehr der Kunst

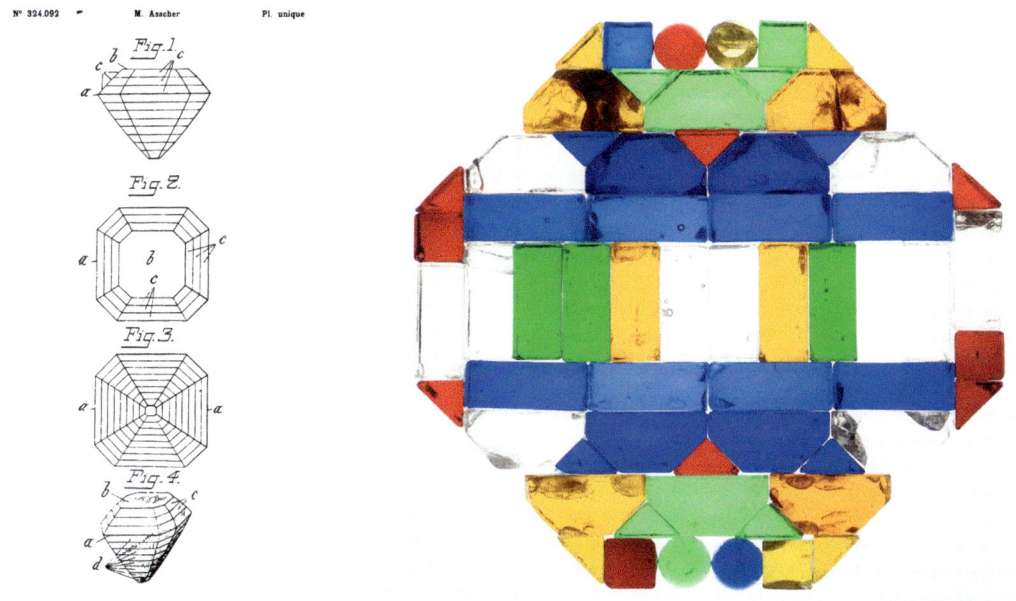

und seinem Wettbewerbsbeitrag für das Haus der Freundschaft eine analoge Form für den Hauptraum zugrunde legte. Die Ähnlichkeiten sind jedenfalls erstaunlich, auch wenn hier, wie im Grundriss zum Haus der Freundschaft, das geometrische Schema mit der 30-Grad-Triangulation nur ungefähr greift. Vielmehr scheint sich der Grundriss des Wettbewerbsprojekts dann zu entschlüsseln, wenn man das den Hauptsaal umschreibende Quadrat in 24 mal 24 Felder teilt.

Würde aber die zentrale Grundrissfigur etwas so Magisches und Wertvolles wie einen Diamanten symbolisieren, wäre eher nachvollziehbar, weshalb Taut sie, trotz aller damit verbundenen Nachteile für die umliegenden Räume, in seinem Entwurf für das Haus der Freundschaft an zentraler Stelle anordnete und weshalb er für den Glasbaukasten Dandanah diese Form zumindest im Umriss der Schatulle übernehmen wollte. Er wäre damit Paul Scheerbarts Prophezeiung gefolgt: „Ob die Architektur, wenn das Glas in größeren Mengen überall zu sehen ist, auch noch den Brillanteffekt verschmähen wird? Das scheint mir nicht wahrscheinlich."[50]

10 Asscher-Schliff: Patent FR 324092A8(1902), S. 3

Bruno Taut: Dandanah-Baukasten C. Foto: Kulturhistorisches Museum Magdeburg/Charlen Christoph

---

50   Scheerbart (2000), S. 100.

Spielarchitektur und Baukunst

11 Bruno Taut: Dandanah-Baukasten Rekonstruktion der Kastenordnungen Exemplare A, B, C,D, I und J sowie Exemplar E durch den Verfasser. Schwarz hinterlegt Abweichungen und Fehlstellen zum jeweils umhüllenden Achteck

Für eine besondere Bedeutung der oktogonalen Form spricht zudem, dass die Kastenordnung in allen Exemplaren des Baukastens geometrisch nicht sauber aufgeht. Einerseits wird sie durch den Bewegungsspielraum ermöglicht, den die Fugen zwischen den Bausteinen erlauben, andererseits durch die Abweichung der Steine von der geometrischen Idealform. Sie ist also offensichtlich das Ergebnis eines Experimentierens mit den Steinen innerhalb des vorgegebenen Umrisses. Die Bausteine basieren, wie die Patentschriften ausführen, auf der Form eines regelmäßigen Achtecks. Dass die Patentschriften einen achteckigen Kasten vorschlagen würden, wie Manfred Speidel und auch Artemis Yagou anmerken, ist wohl der etwas unglücklichen Formulierung des ersten Absatzes der deutschen Patentschrift geschuldet, der dann in der späteren österreichischen Patentschrift anders lautet.[51] Das Kennzeichnende der von Taut verwendeten Kastenform ist jedenfalls die Abweichung von der regelmäßigen Seitenlänge.

---

51 Speidel (2000), S. 46 und Yagou (2013), S. 29.
In der Patenschrift DRP 340301 vom 27. Oktober 1920 heißt es in Zeile 3–9: „Die Bausteine werden aus durchsichtigen oder durchscheinenden Stoffen, insbesondere aus farbiger Glasmasse hergestellt, und sie werden in Formen zu Baukästen vereinigt, die sich aus den Abmessungen des regelmäßigen Achtecks herleiten."
In der Patentschrift AT 91213 vom 26. Oktober 1921 lautet der erste Satz: „Die Erfindung bezieht sich auf solche Bauspiele, bei welchen die Bausteine aus durchsichtigen oder durchscheinenden

Die oktogonale Kastenform war daher offenbar zunächst unabhängig von der Kastenordnung der Steine gewählt worden, die zudem bei einzelnen Exemplaren variiert. Das hat vermutlich seine Ursache darin, dass die Erfinderin der Formen, aber auch der gläsernen Materialität der Bausteine, Blanche Mahlberg ist, wie es nicht nur in den Patenten, sondern auch auf dem Cover der Kästen heißt. Die Modelle und Zeichnungen, also die beigegebenen Bauvorlagen, die Kastenordnung und das Titelblatt auf der Schachtel werden hier Bruno Taut zugeordnet:

„DANDANAH
The Fairy Palace. Building Blocks of Solid Glass
Invented by Blanche Mahlberg
Models and Designs by Bruno Taut"

Von Manfred Speidel wird besonders auf die suggestive Abbildung auf dem Titelblatt hingewiesen, die von ihm als indischer Palast gedeutet wird. Dandanah, der Name des Baukastens, sei ein indisches Wort, das „Struktur oder ein Bündel von Streben oder Säulen bedeutet" und den „Glasbaukasten mit der Indienbegeisterung Tauts in der unmittelbaren Nachkriegszeit"[52] verbinde. Schaut man allerdings ins Internet, findet man in den indischen Sprachen das Wort Dandana, ohne *h*. Als Übersetzung wird zwar auch das von Speidel angeführte „Rohr" angeboten, aber in erster Linie „Strafe" (auf Sanskrit), hingegen auf Hindi „Zahn einer Säge". ‚Native-Speakers' aus Indien kannten das Wort *dandana(h)* weder auf Hindi noch auf Tamil oder Kannada.[53] 2007 vermutete Speidel dann, dass es sich doch um ein Kunstwort handeln könnte, das „aus zwei indischen Wurzeln", nämlich „vandanah" (Gebet) und „danda" (Stab)[54] gebildet sein könnte.

Im Arabischen findet sich das Wort Dandanah für „murmeln" oder „summen", auf Malaiisch soll es „Körperpflege" bedeuten. Artemis Yagou wiederum vermutet eventuell einen lautmalerischen Zusammenhang, ein Wortspiel mit DADA.[55]

Stoffen, insbesondere aus farbiger Glasmasse hergestellt sind und deren Formen sich aus den Abmessungen des regelmäßigen Achtecks ableiten."„

52 Speidel et al. (2000), S. 46; s. zum Beispiel auch: Bruno Taut: *Ex oriente lux* (1919). In: Volkmann (1980), S.186f., oder: Bruno Taut: *Für die neue Baukunst*. In: *Das Kunstblatt* (1919), H. 2, S. 16–24.
53 Für diese Auskunft danke ich Caro Schmidt und Sudhir Sundaresan.
54 Manfred Speidel: *Bruno Taut. Ex oriente lux. Die Wirklichkeit einer Idee*. Berlin: Gebr. Mann (2007), S. 31.
55 Yagou (2013), S. 30, dort wird in Anmerkung 48 auf die mögliche Herkunft der Wortschöpfung DADA aus dem Rumänischen hingewiesen, wo „da" soviel wie das deutsche „ja" bedeutet.

Spielarchitektur und Baukunst

12 Bruno Taut: Dandanah-Baukasten J. Foto: Deutsches Spielzeugmuseum in Sonneberg

Auch hier darf den Spekulationen eine weitere hinzugefügt werden: Über den 1889 in Düsseldorf geborenen Architekten Paul Mahlberg, der 1916 dort über *Schinkels Theaterdekorationen*[56] promovierte und in Berlin ab 1924 gemeinsam mit dem aus Wien stammenden, zehn Jahre jüngeren Hoffmann-Schüler Heinrich Kosina[57] ein Architekturbüro betrieb, das immerhin in mehreren frühen Darstellungen der modernen Bewegung vertreten war[58] ist mehr bekannt[59] als über seine Frau Blanche Mahlberg, mit der er seit 1913 verheiratet war.[60] Glaubt man den Genealogie-Webseiten, hieß Blanche Mahlberg, die als Erfinderin des Baukastens genannt wird, mit Mädchennamen Bronislava Rachela Solomonica – der Nachname ist auch auf den Patentschriften vermerkt – und wurde vermutlich 1884 in Polen geboren. Von dort

---

56 Paul Mahlberg: *Schinkels Theaterdekorationen. Inaugural-Dissertation zur Erlangung der Doktorwürde der Philosophischen Fakultät Greifswald*. Düsseldorf: Druck A. Bagel (1916).
57 S. Gustav Adolf Platz: *Die Baukunst der neuesten Zeit*. Berlin: Propyläen (1927), S. 561 und 564.
58 So in: Walter Gropius: *Internationale Architektur*. München: Albert Langen (1927), S. 26f.; Heinrich de Fries: *Junge Baukunst in Deutschland*. Berlin: Stollberg (1926), S. 49; Platz (1927), S. 422.f.; J. G. Wattjes: *Moderne Archtectuur*. Amsterdam: Kosmos (1927), Abb. 118/119; Ludwig Hilberseimer: *Grossstadtarchitektur*, Hoffmann: Stuttgart (1927), S. 83ff., dort allerdings ohne Erwähnung von Mahlberg.
59 https://de.wikipedia.org/wiki/Paul_Mahlberg, Abfrage 23.9.2023, und Platz (1927), S. 564.
60 https://de.wikipedia.org/wiki/Paul_Mahlberg, Abfrage 2.4.2023.

stammte ihre Mutter Regina Solomonica (ursprünglich Ryfka Marya Braff, geb. 1863 in Pinczow/Polen, gest. 1895 in Berlin).[61] Ihr Vater soll Wilhelm Wolf Solomonica gewesen sein, geboren 1853 in Jassi/Rumänien und gestorben 1916 in Wien.[62] Auf Wikipedia findet sich ein Eintrag über ihren Bruder, den Schriftsteller Alexander Solomonica,[63] der 1889 ebenfalls in Jassi geboren und 1941 oder 1942 im Ghetto Litzmannstadt oder im Vernichtungslager Kulmhof ermordet wurde. Ab 1891, als Blanche Mahlberg bereits sieben Jahre alt war, soll er als rumänischer Staatsbürger in Wien aufgewachsen sein. Möglich, dass die Familie Solomonica bis 1891 in Jassi lebte und Blanche ihre frühe Kindheit in Rumänien verbrachte. Man darf jedenfalls davon ausgehen, dass ihr rumänische Idiome aufgrund der Herkunft ihres Vaters geläufig waren.

Auf Rumänisch bedeutet dandana, am Ende wie bei den oben gefundenen indischen Wörtern ebenfalls ohne *h*, nach dem Langenscheidt-Wörterbuch „Rummel" oder „Spektakel".[64] Rumänische ‚Native Speakers' meinen, dandana sei ein umgangssprachlicher Ausdruck, mit dem Eltern den Unsinn, den Kinder anstellen, also das Ergebnis eines Unfugs oder einer Torheit, bezeichnen (zum Beispiel: Fliegt beim Spiel ein Ball in eine Fensterscheibe – *hast schon wieder ein dandana gemacht!*) und es daher auch mit Blödsinn, Malheur, laute Party und Schererei zu übersetzen wäre.[65] Die Betonung der Aussprache liegt im Rumänischen auf der letzten Silbe, sodass möglicherweise für die deutschsprachige Transkription ein Dehnungs-h angefügt wurde. Der Name könnte sich also weniger auf die philosophischen Vorlieben Bruno Tauts als vielmehr auf die Kindheitserinnerungen von Blanche Mahlberg beziehen, die ihre Erfindung vielleicht einfach Spektakel, Rummel, Unsinn, Unfug oder Torheit nannte.

Im Ungebildeten und im unerzogenen Kind findet aber auch Bruno Taut das Wesen des neuen Künstlertums einer egalitären Gesellschaft:

„‚Jeder wird Künstler sein.' Denkt nun nicht, dass lauter Michelangelos herumlaufen sollen. Die Künstlerpersönlichkeit europäischer Auffassung, der blendende Name wird verschwinden. Kein Herrschen und Beherrschtsein mehr, auch nicht im Reich des Gefühls, der Phantasie, das doch eben Kunst ist. Sondern wie heute einzelne Menschenexemplare, an denen die ‚Bildung' spurlos vorüber ging, und

---

61 https://www.myheritage.at/names/blanche_mahlberg#col_a_10133, Abfrage 2.4.2023.
62 https://www.geni.com/people/Wilhelm-Wolf-Solomonica/6000000013884557943, Abfrage 2.4.2023.
63 https://de.wikipedia.org/wiki/Alexander_Solomonica, Abfrage 2.4.2023.
64 https://de.langenscheidt.com/rumaenisch-deutsch/dandana, Abfrage 23.9.2023.
65 Für diese Hinweise danke ich Rutana Calugaresco.

in jedem Falle das Kind, solange es noch nicht den Einflüssen der Erwachsenen unterlegen ist, so wird dann jeder immer und auf jede Weise den einfachen und unverborgenen Ausdruck seiner Empfindungen geben, ob er nun den Pinsel oder den Meißel in die Hand nimmt, baut oder schreibt, oder auch nur spricht."[66]

Man könnte daher auch den Ansatz von Artemis Yagou weiterführen und spekulieren: DADA, das sich ja von den Kleinkindlauten dada herleitet, die im Französischen „Steckenpferd" bedeuten, und, wie Yagou anmerkt, auf Rumänisch „ja, ja",[67] könnte als Vorbild gedient haben, indem Dandanah, nach der rumänischen Kindheitserinnerung gebildet, eine Art Nonsense-Wort wäre, das eventuell nichts anderes bedeuten will als die Abkehr vom Rationalismus, der Militär, Wirtschaft und Erziehung vor und im Ersten Weltkrieg dominierte.

So betrachtet, könnten aber auch zu den Wörtern Dana (buddhistisch: „Gabe", „Geschenk"), Vanadanah (Sanskrit: „Verehrung", „Lob", „Lobpreisung") und Dandana (Sanskrit: „Stock") lautmalerische Verbindungen bestanden haben. Nimmt man mit dieser etwas freieren Sichtweise die Argumentationskette von Manfred Speidel wieder auf, dann wäre man verleitet, die Kastenordnung im Kontext eines Mandalas zu sehen, anstatt nach einem konkreten Tempelgrundriss zu suchen.

Es soll eine Vielzahl von Mandalas für unterschiedliche Bedeutungen und Aufgaben existieren.[68] Indische Heiligtümer sollen nach altindischen Vorschriften immer auf das Vastu-Purusha-Mandala zurückgehen, bei dem die Gestalt des Vastu Purusha als „Personifizierung der gesetzmäßigen Raumordnung"[69] diagonal in eine quadratische Figur eingeschrieben ist. Auch in Tauts Baukasten findet sich durch die Grafik des Covers die Spannung zwischen Rhombus und Quadrat. Das Quadrat wird im Vastu-Mandala in „4, 9, 16, 64 bis zu 1024" quadratische Felder unterteilt, die Padas genannt werden, und unabhängig von der Gebäudegröße die geometrische Struktur für die Grundrissgestaltung geben.[70] Das würde mit dem oben erwähnten Rasterschema mit neun mal neun für das Oktogon übereinstimmen und in der Möglichkeit einer frei wählbaren Teilung eventuell auch das in 24 mal 24 Felder geteilte Grundrissschema für das Haus der Freundschaft einschließen. Allerdings wäre eine Rasterteilung allein ein nur schwacher Hinweis auf eine Verbindung zur indischen

---

66 Bruno Taut: *Die Wahrheit der Kunst* (1920). In: Manfred Speidel: *Bruno Taut. Ex oriente lux. Die Wirklichkeit einer Idee.* Berlin: Gebr. Mann (2007), S. 124ff., hier S. 125.
67 Yagou (2013), S. 30, Anm. 48.
68 Nach Michaela Bressel: *Mandala – universelles Grundschema in der Architektur.* Universität Graz. Dipl.-Arb. (1997), S. 14ff.
69 Möller, S. 202; Bressel (1997), S. 33.
70 Nach Möller (1971), S. 202f. Teilungen mit ungerader Quadratanzahl (zum Beispiel die hier angeführten neun mal neun Quadrate) wären der Kriegskaste zugeschrieben worden.

Die Wiederkehr der Kunst

13 Auflösung eines Meditationsmandalas, Videostill, Benno Bühlmann (2017)

Architektur. Wie bereits erwähnt, ist sie ja auch bei Berlage abgebildet und propagiert und würde im Kontext der europäischen Architekturgeschichte ebenso gut zu Durand führen können.

Im Zentrum eines Meditationsmandalas, das allerdings in der Regel auf einem anderen geometrischen Schema basiert, hingegen soll ein Quadrat zwar nicht den Märchenpalast, sondern den Seelenpalast darstellen, für den zudem die Vorstellung besteht, die „durchsichtige, quadratische mehrschichtige Mauer, die den himmlischen Palast nach außen hin abgrenzt, besteht aus Edelsteinen und mehreren Schichten in den alternierenden Farben der fünf Tathagatas" (der „Meditationsbuddhas").[71] Die Farben der Edelsteine sind hier – genau wie im Dandanah-Glasbaukasten – Weiß, Blau, Rot, Gelb und Grün.[72] Auch die Zahl Fünf spielt hier eine besondere mystische Rolle, etwa als „die Mitte und die vier Kardinalrichtungen",[73] und auch sie findet sich nicht nur in den Farben, sondern auch in der Anzahl der Steintypen des Glasbaukastens, bei dem nur fünf der insgesamt sieben in der Patentschrift angeführten Steine vorkommen. Es wäre daher nicht nur die Auswahl der Steintypen, sondern auch deren Farbigkeit wahrscheinlich Bruno Taut zuzuschreiben. Damit wäre man aber auch wieder auf das bereits angesprochene

---

71 Nach Bressel (1997), S. 14ff.
72 Bressel (1997), S. 28.
73 Bressel (1997), S. 21.

Spielarchitektur und Baukunst

14   Bruno Taut: Dandanah-Baukasten A. Foto: Badisches Landesmuseum Karlsruhe

Thema des Smaragdschliffs verwiesen, der in der Form der Schatulle dessen Inhalt dann symbolisch verkörpern würde.

Es ist wahrscheinlich, dass Taut mit den vorgegebenen Steinformen und dem symbolisch bedingten Kastenumriss physisch hantierend gearbeitet und verschiedene Varianten ausprobiert hat. Daraus würde auch folgen, dass Taut die Anzahl der Steine aus dem einmal festgelegten Kastenumriss experimentierend festgelegt hat.

Als ich mich Anfang der 2000er-Jahre im Zuge des letzten Forschungsprojektes an der TU Wien mit dem Dandanah-Baukasten beschäftigte, vermutete ich, dass acht Exemplare des inzwischen bekannter gewordenen Bauspiels existierten.[74] Heute wissen wir von maximal elf Exemplaren, von denen wahrscheinlich zehn erhalten sind. Sie werden hier zur Identifikation mit den Buchstaben A bis K bezeichnet. Für diese Studie standen dem Verfasser die beiden Originale B und E zur Verfügung:

---

74   So wie dann Speidel 2006, der 2000 noch von fünf vollständigen Kästen offenbar gleichen Inhalts ausgegangen war. S. Speidel (2000), S. 46 und Manfred Speidel: *Stadtkrone und Märchenpalast*. Deutsches Museum: Preprint 6 (2015) [Juli 2006], S. 3. Vgl. auch Yagou (2013), S. 28.

15 Bruno Taut: Dandanah-Baukasten B. Foto: Artemis Yagou

A) Exemplar im Badischen Landesmuseum Karlsruhe.
Ursprünglich im Besitz von Hermann Finsterlin.[75] In den 1980er-Jahren wurde das Exemplar A von Franz Lesák,[76] damals Professor an der TU Wien, bei Frau Raissa Finsterlin dokumentiert. Das Onlinearchiv weist den Originalkasten, 62 Bausteine, sechs Bauanleitungen und eine Kastenordnung aus. Die Anzahl der Steine stimmt mit der der Kastenordnung überein.

B) Exemplar im Deutschen Museum München.
Das Exemplar B in der Sammlung des Deutschen Museums München durfte dort untersucht werden.[77] Der Kasten wurde 1997 aus privatem Besitz erworben.[78] Die

---

75 S. https://katalog.landesmuseum.de/object/63D91F5E440D3BD47FF806B589676182-baukasten-mit-glassteinen-dandanah, Abfrage 22.9.2023; Speidel (2006), S. 4.
76 Für die Übermittlung seiner Aufzeichnungen danke ich Franz Lesák.
77 Besonderer Dank ist dafür Herrn Dr. Dirk Bühler vom Deutschen Museum geschuldet. Siehe dazu aber natürlich auch die Studie Yagou (2013). Für die Übermittlung von Fotos und die Erlaubnis, diese in die Publikation zu übernehmen, danke ich Artemis Yagou herzlich.
78 S. Yagou (2013), S. 8, Anm. 8.

Spielarchitektur und Baukunst

Ausführung des Holzkastens stimmte augenscheinlich mit der des Exemplars E überein. An zwei der kürzeren Achteckseiten war hier zusätzlich eine fünf Millimeter dicke Verstärkung eingeleimt. Im Kasten befanden sich 60 zum Teil beschädigte Bausteine aus Glas und sechs Vorlageblätter. Die am Boden der Schachtel eingelegte Kastenordnung war nicht mit dem Steinmaterial maßhaltig, sondern in etwa 88 Prozent der tatsächlichen Steingröße ausgeführt und erlaubt darüber hinaus den Schluss, dass dieses Exemplar nicht vollständig erhalten ist, sondern ein gelbes und ein grünes Dreiecksprisma fehlen.[79] Es sind sechs Bauanleitungen vorhanden.

C) Exemplar im Kulturhistorischen Museum Magdeburg.
Das Exemplar soll ursprünglich aus Privatbesitz in Magdeburg stammen und war bis 2003 als Leihgabe im Museum für Angewandte Kunst in Köln. 2018 wurde es bei Bassenge in Berlin versteigert[80] und ist schließlich im Nachverkauf in das Kulturhistorische Museum Magdeburg gelangt.[81] Das Objekt besteht aus dem Holzkasten, 61 Bausteinen, einer Kastenordnung und fünf Bauanleitungen. Gegenüber der Kastenordnung fehlt ein grüner prismatischer Stein.[82]

D) Exemplar im Canadian Center for Architecture (CCA) in Montreal.
Hier sind die Schachtel, 62 Bausteine, eine Kastenordnung und sechs Bauanleitungen vorhanden. Die Anzahl der Steine stimmt mit der der Kastenordnung überein. Der Baukasten D aus dem Besitz des Canadian Center for Architecture wurde im Jahr 1994 im Rahmen eines vorbereitenden Forschungsprojektes an der TU Wien von Peter Hanousek vor Ort in Montreal aufgenommen.

E) Das Exemplar E befand sich im Frühjahr 2001 im Rahmen der „Auktion 22" in Berlin bei Jeschke, Greve und Hauff und konnte dort vom Verfasser in Augenschein genommen werden.[83] Es bestand aus 64 Bausteinen aus Glas, sechs Vorlageblättern und dem achteckigen Holzkasten. Auf dem Innenboden des Kastens befand sich

---

79 S. Yagou (2013), S. 9ff.
80 S. http://kunstmarkt.com/pages/wis/artlossreg_grossbildansicht.html?berichtid=7124&bildid=405423&bk=073_11, Abfrage. 22.9.2023.
81 https://www.mdr.de/kultur/ausstellungen/glasbaukasten-dandanah-magdeburg-bruno-taut-100.html.
82 Für die Übermittlung von Bildern danke ich Sabine Ullrich und Dorothea Hornemann vom Kulturhistorischen Museum Magdeburg herzlich.
83 Jeschke, Greve und Hauff. Organisationen von Buch und Kunstausstellungen GmbH Berlin. Für die Erlaubnis, das Objekt aufnehmen zu dürfen, sei dem Unternehmen an dieser Stelle herzlich gedankt.

Die Wiederkehr der Kunst

16 Bruno Taut: Dandanah-Baukasten C. Foto: Kulturhistorisches Museum Magdeburg/ Charlen Christoph

17 Bruno Taut: Dandanah-Baukasten D. Foto: Canadian Center for Architecture

Spielarchitektur und Baukunst

18 Bruno Taut: Dandanah-Baukasten E. Foto: Autor

eine Kastenordnung, die allerdings wie Exemplar B nicht maßgenau mit den Steinen, sondern hier in etwa 95 Prozent der tatsächlichen Steingröße gezeichnet war. Darunter befand sich eine Lage Wellpappe. Auf dem Deckel war eine Lithografie aufkaschiert. Die Anzahl der Steine stimmte mit der der Kastenordnung überein. Wohin das Originalexemplar E nach der Auktion 2001 gegangen ist, ist hier nicht bekannt.[84]

F) Exemplar im Archiv der Akademie der Künste in Berlin. Es wurde 1980 im Ausstellungskatalog der Akademie der Künste Berlin abgebildet.[85] Als Besitzer wurde Heinrich Taut, Lehnitz bei Berlin, genannt. Dieser Kasten wurde bei Speidel 1995[86] erneut publiziert und befindet sich heute im Besitz der Akademie der Künste Berlin.[87] Es sind der Kasten und 67 Bausteine vorhanden.

---

84   Für Hinweise bei der bislang leider erfolglosen Suche danke ich Manfred Speidel herzlich.
85   Barbara Volkmann: *Bruno Taut*. Berlin: AdK (1980), S. 194, Kat.-Nr. 67.2 und S. 271, Kat.-Nr. 67.1 und 67.2.
86   Manfred Speidel: *Bruno Taut. Natur und Fantasie 1880–1938.* Berlin: Ernst und Sohn (1995), S. 184.
87   Akademie der Künste. Bruno-Taut-Archiv Sign. Taut-Bruno 1038 und https://archiv.adk.de/BildsucheFrames?easydb=6osgfuk09e77gc7b7m4jq8kq3r&ls=2&ts=1695410600, Abfrage 22.9.2023.

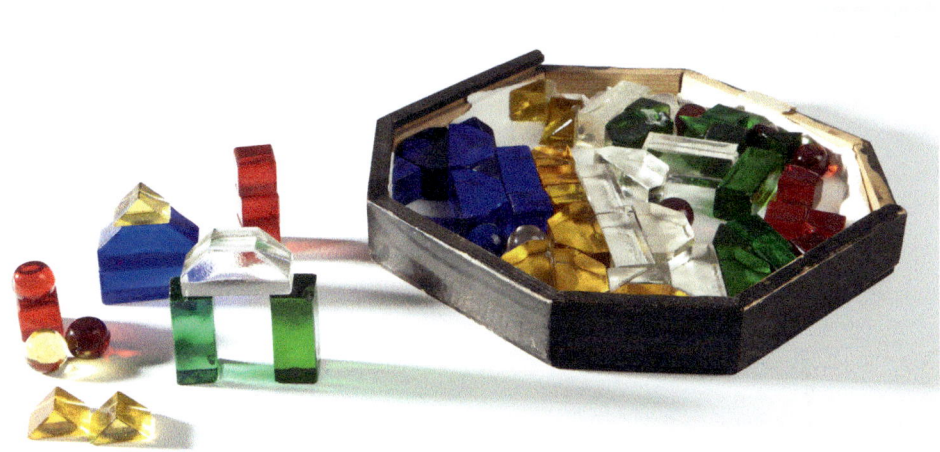

19 Bruno Taut: Dandanah-Baukasten F. Akademie der Künste, Berlin, Bruno-Taut-Archiv, Inv. Nr. 1038 F.2. Fotograf: AdK/Maximilian Merz

G) Einem zeitgenössischen Bericht aus dem Jahr 1925 zufolge könnte ein weiteres Exemplar bei einer Spielzeugausstellung des Landesgewerbemuseums Stuttgart im November und Dezember 1924 als Produkt der Luxfer-Prismen-GmbH zu sehen gewesen sein.[88] Diese noch heute existierende Firma hatte unter anderem an der Ausführung des Glashauses von Taut auf der Werkbundausstellung von 1914 mitgewirkt. Über den Verbleib des Kastens ist nichts bekannt.

H) Ein Exemplar soll sich 2006 im Besitz von Isi Fischer, der Tochter von Tauts Partner Franz Hoffmann, befunden haben.[89]

---

88 S. Gustav Pazaurek: *Modernes Spielzeug*. In: *Velhagens & Klasings Monatshefte*. 40. Jg. Dezember 1925, H. 4, S. 437f. und dazu Speidel et al. (2000), S. 57, Anm. 132.
89 Vgl. Speidel (2006) S. 3.

Spielarchitektur und Baukunst

20 Bruno Taut: Dandanah-Baukasten I. Foto: Deutsches Spielzeugmuseum in Sonneberg/Julia Thomae

Bruno Taut: Dandanah-Baukasten J. Foto: Deutsches Spielzeugmuseum in Sonneberg

Die Wiederkehr der Kunst

I) und J) Gleich zwei Exemplare befinden sich im Deutschen Spielzeugmuseum in Sonneberg.[90]

Beide Baukästen sollen 1927 in das Museum gekommen sein. Dazu hat sich im Deutschen Spielzeugmuseum in Sonneberg die aktive Korrespondenz des Museums erhalten, die an die Deutsche Luxfer-Prismen-Gesellschaft adressiert ist, welche offenbar nicht nur die Steine hergestellt hat, sondern auch den Versand übernommen hatte und als Geschenkgeber zumindest über diese beiden Exemplare verfügen konnte.[91] Nachdem der erste Kasten[92] damals beschädigt einlangte, wurde ein zweiter[93] gesendet.

Das unvollständige Exemplar I besteht aus dem Holzkasten, 53 Steinen, der Kastenordnung und sechs Bauanleitungen. Gegenüber der Kastenordnung fehlen ein roter, ein blauer und ein gelber Würfel, zwei rote Dreiecksprismen sowie alle vier Kugeln. Das vollständige Exemplar J besteht aus der Schachtel, 62 Steinen, der Kastenordnung und sechs Bauanleitungen. Die Anzahl der Steine stimmt mit der der Kastenordnung überein.

K) Ein elftes, unvollständiges Exemplar soll sich 2006 in der Sammlung Arlan Coffman in Santa Monica befunden haben.[94]

Ob einzelne der von A bis K bezeichneten Exemplare miteinander identisch sind, konnte bisher nicht geklärt werden.

Die vom Autor selbst aufgenommenen Glasbaukastenexemplare B und E enthalten Elemente der Steintypen 1–5 mit einer Höhe von ca. $a = b = 20$ mm, wobei die kugelförmige Type 5 bei Exemplar E mit 19 mm etwa die Abmessung a als Höhe zwischen den Abflachungen[95] aufwies; bei Kasten B variiert diese Höhe zwischen 17 und 19,4 mm. Die Abflachungen haben einen Durchmesser von 8–13,5 mm. Die Elemente

---

90 https://www.insuedthueringen.de/inhalt.deutsches-spielzeugmuseum-fantasie-als-nebenprodukt.283620c9-d165-46c5-bb2f-881f30f41bd0.html und http://www.museen.thueringen.de/Objektsuche/|Suchbegriff|Dandanah|Auswahl||Einrichtung|DE-MUS-877112|Seite|1|/, Abfrage 22.9.2023.
91 Brief des Museums vom 4. September 1927. Für diese und zahlreiche weitere Auküfte über den Bestand in Sonneberg danke ich Julia Thomae herzlich.
92 Inv.-Nr. 59 449a. Der Kasten ist bei Yagou (2013), S. 25f. abgebildet.
93 Inv.-Nr. 59 449b.
94 Speidel (2006), S. 4.
95 x und x' in der Patentschrift. Der Kugeldurchmesser wird dort mit dem Modul a angegeben, was die Kombination der Type 5 in Verbund mit den anderen Steinen unmöglich gemacht hätte.

Spielarchitektur und Baukunst

sind in gefärbtem Glas in den Farben Klar, Rot, Blau, Gelb und Grün ausgeführt. Die Bezeichnungen der Steine folgen hier und im Weiteren den Patentschriften:

Typ 1: halbes Achteck
Typ 2: Säulenform (Prisma mit quadratischer Grundfläche)
Typ 3: Würfel
Typ 4: dreieckiges Prisma
Typ 5: Kugel
Typ 6: Sonderelement (verlängerte Säule)
Typ 7: Sonderelement (abgeschrägtes Quadrat)

Bemerkenswert an der in den Patentschriften dargelegten Systematik der Steine ist, dass man in den dort beigegebenen Figuren 3 und 4 gerade für die neuartigen Kombinationen nicht mit den beschriebenen Steinen 1 bis 5 das Auslangen fand und die Sonderform 6 einführen musste, die aus Gründen der Passform um Wurzel 2 mal länger als Stein 2 (quadratisches Prisma/„Säule") war. Darüber hinaus wird in Fig. 3 der Patentschrift als oberer Abschluss ein Stein 7 eingeführt, vermutlich, weil sich diese Form nicht als Kombination von Stein 1 und 4 herstellen lässt. Doch beide Steine, 6 und 7, sind nicht Teil der auf uns überkommenen Baukästen und wurden vermutlich von Taut ausgeschieden.

Betrachtet man die Kastenordnungen, dann lassen sich für Exemplare A, B, C, D, I und J folgende gleiche Steinmengen und Farbverteilungen rekonstruieren:

Steintype	Anzahl					
	Klar	Rot	Blau	Gelb	Grün	Summe
1	4	0	4	4	2	14
2	6	0	8	2	4	20
3	0	3	1	1	1	6
4	0	6	4	4	4	18
5	0	1	1	1	1	4
Summe	10	10	18	12	12	**62**

Abweichende Steinmengen sind nur bei den Exemplaren E, F und eventuell G gegeben:

Die Wiederkehr der Kunst

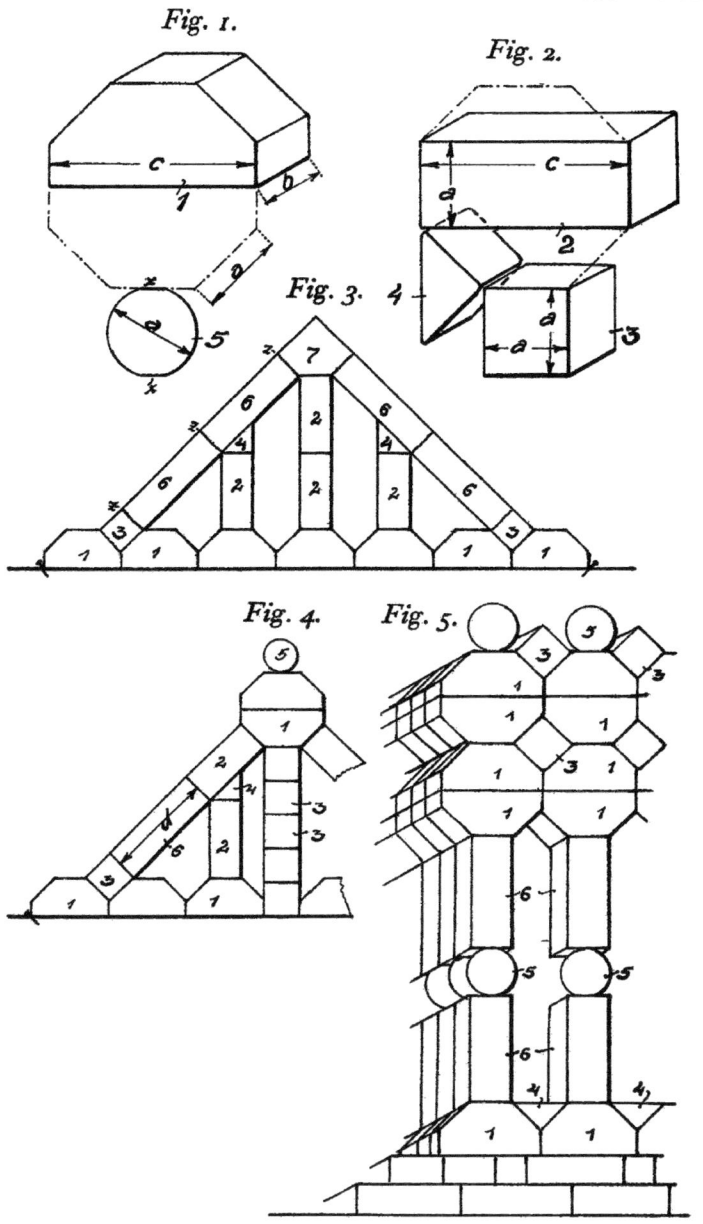

21 Illustrationen aus Patentschrift DE 340301, ausgegeben am 7.9.1921, S. 3

Spielarchitektur und Baukunst

Exemplar E zeigt folgende Bestückung:

Steintype	Anzahl					
	Klar	Rot	Blau	Gelb	Grün	Summe
1	6	0	4	4	6	20
2	4	0	4	2	2	12
3	0	0	0	2	2	4
4	0	8	4	4	4	20
5	0	3	1	3	1	8
Summe	10	11	13	15	15	**64**

Exemplar F aus dem Besitz von Heinrich Taut ist ohne Grafiken erhalten. Auch eine Kastenordnung ist scheinbar nicht überliefert. Der Kasten beinhaltet folgende Steinmengen:

Steintype	Anzahl					
	Klar	Rot	Blau	Gelb	Grün	Summe
1	4	0	4	4	2	14
2	4	0	2	0	4	10
3	0	8	2	2	2	14
4	2	0	4	8	4	18
5	2	6	2	1	0	11
Summe	12	14	14	15	12	**67**

Für Exemplar G, das in der Literatur nur durch eine Fotografie belegt ist, ließe sich aus der dort abgebildeten Steinkombination und der Kolorierung in folgende Steinmengen rekonstruieren:

Steintype	Anzahl					
	Klar	Rot	Blau	Gelb	Grün	Summe
1	2	1(!)	6	1	7(8?)	17(18?)
2	0	0	4	2	3	9
3	0	0	0	0	2	2
4	0	8(10?)	4	(2?)	4	18
5	0	3	0	0	1	4
Summe	2	12(14?)	14	3(5?)	17(18?)	**50(51?)**

Dabei ist zu bedenken, dass es sich um eine kolorierte Schwarz-Weiß-Fotografie handelt und die Farbgebung der einzelnen Steine somit ungewiss bleiben muss. Weiterhin ist unbekannt, wer die Zusammenstellung entworfen hat. Es ist daher durchaus wahrscheinlich, dass nicht alle Steine des eventuell ausgestellten Kastens verwendet wurden. Die Anzahl der Steine der Type 1 ist möglicherweise ein Hinweis darauf, dass das Exemplar E oder ein ihm entsprechender Kasten auf der Fotografie zu sehen sein könnte, da bei den anderen bekannten Exemplaren nur 14 Steine der Type 1 enthalten sind.

Für die Exemplare H und K kann hier keine Aussage über enthaltene Steinmengen getroffen werden.
    Auch die den Baukästen beigegebenen Bauvorlagen unterscheiden sich offenbar analog zu den Steinmengen voneinander. Den Exemplaren A, B, C, D, I und J, die jeweils 62 Steine gleicher Typen und Farben beinhalten sollten, sind maximal jeweils sechs Blätter beigegeben, deren Betitelung lediglich freien Assoziationen des Autors folgt:

Zwei schwarzgrundige Blätter:
S1: Vier Architekturen (Abb. 22a)
S2: eine Art Tempel (Abb. 22b)

Zwei weißgrundige Blätter:
WE1: Kirche mit Westwerk (Abb. 22c)
WE2: Triumphpforte (Abb. 22d)

Ein rotgrundiges Blatt:
RO1: Zentralbau (Abb. 22e)

Ein blau-gelb-grundiges Blatt:
BL/GE1: Schiff bei einem Schleusenportal (Abb. 22f)

Alle Blätter weisen eine zur Kastenform ähnliche Achteckform auf.
Nur in Kasten E finden sich abweichende Blätter, deren Hintergründe mit den Steinfarben korrespondieren, indem zwei Blätter mit weißem und jeweils eines mit rotem, blauem, gelbem und grünem Grund beigegeben sind:

Zwei weißgrundige Blätter:
WE3: Triumphpforte, ähnlich Blatt W2 (Abb. 23a)
WE4: Ehrenhof (Abb. 23b)

Spielarchitektur und Baukunst

22 a–f Bruno Taut: Vorlageblätter Exemplare A, B, C, D, I und J. Fotos: Badisches Landesmuseum Karlsruhe, Exemplar A

Die Wiederkehr der Kunst

23 a–f   Bruno Taut; Vorlageblätter Exemplar E. Foto: Verfasser

Spielarchitektur und Baukunst

Ein rotgrundiges Blatt:
RO2: Kirche, ähnlich Blatt W1 (Abb. 23c)

Ein blaugrundiges Blatt:
BL1: Schiff, ähnlich zu B/G1 (Abb. 23d)

Ein gelbgrundiges Blatt:
GE1: Aquädukt (Abb. 23e)

Ein grüngrundiges Blatt:
GR 1: zwei Ansichten einer Basilika (Abb. 23f)

Die in der Literatur abgebildete Steinkombination des möglichen Exemplars G entspricht keinem der bekannten Vorlageblätter.

Das Darstellungsschema aller Blätter folgt der Zentralprojektion, allerdings wird dieses durch Unregelmäßigkeiten wie mehrere Fluchtpunkte oder Parallelprojektionen für parallele Kanten scheinbar willentlich in Distanz zu akademischen Darstellungsregeln gebracht, als ob ein naiver, unbewusster Zugang zur räumlichen Darstellung suggeriert werden sollte. Die Blätter beziehen in der Regel die Lichtsituation nicht ein. Allerdings ist Vorlage S2 dadurch herausgehoben, dass am Boden ein heller Lichtschein gezeigt wird, der einer inneren Beleuchtung des Objektes entspricht.
    Eine Rekonstruktion der abgewandten, nicht sichtbaren Seiten in Fortführung der in der Komposition gezeigten Formprinzipien (Symmetrien) zeigt, dass in der Regel offensichtlich immer alle Steine zur Anwendung kommen, gerade weil einige manchmal nur in einem losen Verbund neben der dominierenden Konstruktion aufgestellt werden. Unklarheiten ergaben sich bei der Rekonstruktion der Steinanordnung nach folgenden Blättern:

Blatt BL/GE1 (Schiff bei einem Schleusenportal):
Hier verbleiben für den Bereich auf der Rückseite des Schleusentores zehn Steine (jeweils einmal Stein 1 und 2, dreimal Stein 3 und fünfmal Stein 4), was durchaus vorstellbar ist, zumal man links des Schlotes des Schiffes jedenfalls noch zwei Steine Typ 4 und einen Stein 3 erkennen kann.

Bei Blatt WE2 (Triumphpforte):
Es konnte ein grüner Stein Typ 4 nicht lokalisiert werden.

Die Wiederkehr der Kunst

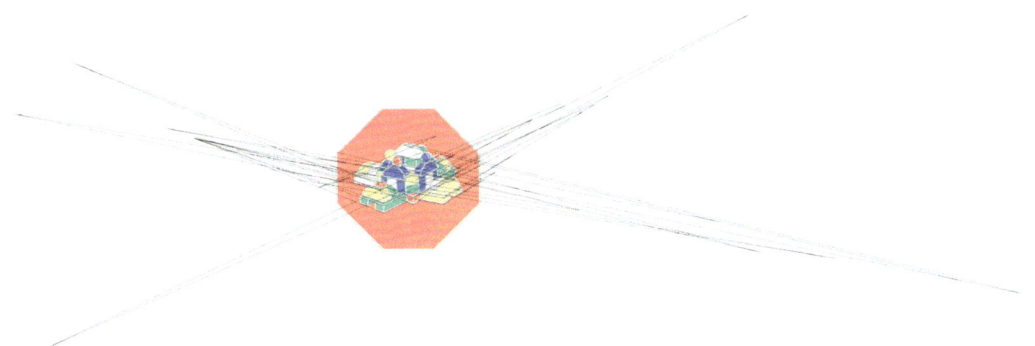

Blatt WE4 (Ehrenhof) aus dem Kasten E:
Aus dem Kasten E sind jeweils fünf blaue und fünf grüne Steine Typ 1 dargestellt, wohingegen in Kasten E vier blaue und sechs grüne Steine des Typs 1 vorhanden sind. Auf diesem Blatt wird auch bei der Anordnung der Steine der Gruppe 4 (dreieckiges Prisma) in der obersten Lage die Differenz zwischen der Seitenlänge des halben Achtecks der Type 1, die 20 mm beträgt, und der diagonalen Seitenlänge der Type 4, die rechnerisch 28,28 mm beträgt, übergangen, sodass die Elemente gemeinsam eine bündige Form ergeben, die dem Sonderelement 7 der Patentschrift entsprechen würde.

24 Bruno Taut: Vorlageblatt RO1 Exemplar A, Badisches Landesmuseum Karlsruhe. Grafische Eintragung des Verfassers: Rekonstruktion der Fluchtpunkte der Zentralprojektion

Blatt RO2 (Kirche) aus dem Kasten E:
Hier gestaltete sich die Rekonstruktion der Steinanordnung etwas schwierig. Geht man davon aus, dass Taut die fünf auf die Seitenfläche gelegten Steine des Typs 1 symmetrisch angeordnet hat, was allerdings einem Detail der Zeichnung zwischen den beiden roten Kugeln (Typ 5) zu widersprechen scheint, dann lässt sich die Vorlage als vollständige Anordnung der Steine des Kastens E darstellen. Es ist dazu aber auch zu bemerken, dass die Zeichnung bei den im Vordergrund gezeigten Steinen des Typs 4 (Dreiecksprisma) geometrisch so nicht möglich ist und Taut zudem eine verkleinerte Version des Typ 4 in Rot einführt, die im Kasten nicht vorhanden ist.

Blatt GR1 (zwei Ansichten einer Basilika) aus dem Kasten E:
Es zeigt die Vorder- und Rückseite der gleichen Steinanordnung. Bei dieser Vorlage sind allerdings von Typ 1 (halbes Achteck) fünf statt sechs grüne und fünf statt vier blaue Steine verwendet.

Spielarchitektur und Baukunst

25 Bruno Taut: Dandanah-Baukasten Bauvorlage RO 2. CAD-Rekonstruktion des Verfassers

Taut war bei Erstellung der Bauvorlagen also offensichtlich zumindest bemüht, in jeder Konstellation alle Steine zu verwenden, sodass ein einfaches Vermehren oder Vermindern der Steinmenge, wie es beispielsweise erstmals beim Anker-Steinbaukasten durch ein „in Steinmaterial aufeinander abgestimmtes Stufen- und Ergänzungssystem von Kästen"[96] angelegt wurde, hier offenbar nicht vorgesehen war. Jeder Kasten stellt damit ein in sich abgeschlossenes Ganzes dar. Bauvorlagen und Kastenordnung wären, so lässt sich vermuten, immer neue Konstellationen des gleichen Materials, was wieder auf Tauts Vorliebe für fernöstliche Religionen hinweisen würde: Das in einem langsamen Prozess aus Sand hergestellte, oben bereits erwähnte Mandala wird, nachdem es mehrere Tage zur Meditation verwendet wurde, in einer rituellen Handlung zerstört, um auf die Vergänglichkeit des Daseins und die Einmaligkeit des Moments hinzuweisen.

In Bruno Tauts zeichnerisch realisiertem Architekturtheaterstück *Der Weltbaumeister* entstehen und vergehen Bauten und ganze Welten. Hier „leugnet die

---

96 Anette Noschka/Günter Knerr: *Bauklötze staunen.* München: Deutsches Museum und Hirmer (1986), S. 54f.

Veranschaulichung des Domes als einer aus dem ‚Nichts' entstehenden Form zugleich alles Historische", bemerkt Regine Prange.[97] Nach dem Untergang der Kathedrale und „der Zeugung der neuen Architektur durch Domstern und Erde"[98] entsteht hier ein neuer Zyklus „biologisch-kosmischen Werdens", der seine Vollendung in dem aus der „mütterlichen Erde wachsenden Kristallhaus" finde.[99]

Auch die Bemerkung „Aber es dürfte doch gut sein, sich auf alle Möglichkeiten der Wiedergeburt gefasst zu machen, wenn man noch nicht reif zum Eingehen ist",[100] auf Tauts textreichem Titelblatt von *Die Auflösung der Städte*, weist auf die Vorstellung von der „Ewigkeit des sich zyklisch erneuernden Weltprozesses"[101] fernöstlicher Philosophie hin, die deshalb keine Geschichtsphilosophie entwickelt habe.[102] Die Kastenordnung würde durch Interpretationen auf einer solchen Ebene zum Bild einer Ganzheit, die sich in den Bauvorlagen in immer neuen Manifestationen darstellt.

Andererseits: Was verbleibt am Objekt als Hinweis auf eine Verbindung zur fernöstlichen Kultur, wenn man unterstellt, der Name sei aus dem Rumänischen, nicht aus dem Indischen abgeleitet und die Kastenform nicht von indischen Tempelgrundrissen, sondern von einem zeitgenössisch neuentwickelten Diamantschliff inspiriert? Es bleiben die beiden Palmen auf dem Titelblatt des Dandanah-Kastens. Mechthild Rausch weist in ihrem Nachwort zur Neuausgabe von Paul Scheerbarts *Glasarchitektur* auf den prägenden Eindruck hin, den die 1910 fertiggestellten Gewächshäuser des Botanischen Gartens in Berlin-Dahlem auf Scheerbart machten. Er soll in umittelbarer Nähe der Gewächshäuser gewohnt haben.[103] Ihnen ist in der *Glasarchitektur* ein eigener Abschnitt gewidmet.[104] Die beiden Palmen könnten daher auf die tropische Flora, die es dort zu besichtigen gab, die untere Hälfte der Grafik auf den dortigen See oder eine der sonst vorhandenen Wasserflächen verweisen,[105] und

---

97 Regine Prange: *Das Kristalline als Kunstsymbol. Bruno Taut und Paul Klee* (Studien zur Kunstgeschichte, Bd. 63).Hildesheim/Zürich/New York: Olms (1991), Abb. 85; Speidel (1995), S. 135; Bruno Taut. *Der Weltbaumeister*. Berlin: Gebr. Mann (1999).
98 Prange (1991), S. 136.
99 Prange (1991), S. 135.
100 Bruno Taut: *Die Auflösung der Städte oder Die Erde eine gute Wohnung*. Hagen: Folkwang (1920), Titelblatt.
101 Nach Heinrich Schmidt: *Philosophisches Wörterbuch*. Neu bearbeitet von Georgi Schischkoff, Stuttgart: Kröner (1982), S. 308.
102 Ebd.
103 Mechthild Rausch: *Praktisch und paradiesisch*. In: Paul Scheerbart: *Glasarchitektur*. Berlin: Gebr. Mann (2000), S. 131ff., hier S. 136.
104 Scheerbart (2000), S. 15.
105 Vgl. Speidel (2000), S. 46, wo die untere Häfte der Grafik als „Spiegelbild in einem Teich" gedeutet wird. S. auch Alfred Koerner: *Die Bauten des Königlichen Botanischen Gartens in Dahlem*. Berlin: Ernst & Sohn (1910).

Spielarchitektur und Baukunst

26 Schnittperspektive durch das Palmenhaus im botanischen Garten in Berlin-Dahlem, 1910. Aus: Koerner: *Die Bauten des Königlichen Botanischen Gartens in Dahlem* (1910), S. 14

das Titelblatt, das eine Abend- oder Nachtstimmung wiedergibt, auch als Visualisierung einer Textstelle von Paul Scheerbart gesehen werden:

„Der Botanische Garten zu Dahlem bei Berlin zeigt, daß bereits ganz imposante Glaspaläste ausgeführt sind. Allerdings – es fehlt die Farbe. Aber in der Abendsonne wirkt das Palmenhaus und das Kalthaus so herrlich, daß man wohl einen Begriff bekommt, was zu erzielen ist, wenn die Farben auch am Tage da sind."[106]

In den Patentschriften sind nicht nur die Formen der Steine und deren Systematik, sondern auch das Material, das „aus durchsichtigen oder durchscheinenden Stoffen, insbesondere aus farbiger Glasmasse" bestehen soll, beschrieben. Manfred Speidel berichtet, dass Taut die ersten Steine vermutlich Anfang Oktober 1920 erhalten hat und dann Anfang 1921 mit den Steinen experimentierte. Allerdings spricht Taut schon in seinem Brief vom 15. April 1920 im Rahmen der Gläsernen Kette[107] von einem „Baustein":

„Ich habe hier ein dickes gelbes Glasstück auf meinem Tisch. Schwer, ein Baustein, aber er ist nie gleich. Seine prismatische Form, ja sie ist da, aber in ihm lebt es immerfort anders, es ist einfach toll, was das Licht darin anrichtet, und doch in der festen Form, das Gefäß der neuen Seele, das wir vorbereiten, wird so sein.

Bauen ist Sterben.

Freunde diesen Handschlag!"[108]

---

106 Scheerbart (2000), S. 15.
107 Akademie der Künste, Hans-Scharoun-Archiv, Gläserne Kette 65, Objekt 2620830, S. 3.
108 Ebd.

Die Wiederkehr der Kunst

Das würde zumindest auf einen ersten Prototyp schon im April 1920 hinweisen. Dass Taut erst im Oktober 1920 offen darüber spricht, könnte auch im Zusammenhang mit der Patentierung stehen, die mit dem 27. Oktober 1920 wirksam war.

Regine Prange zitiert diese Stelle aus Tauts Brief im Rahmen der Gläsernen Kette vom 15. April 1920 mit dem Fokus, dass hier zur einfachen kristallinen Urform zurückgekehrt wird, die dann das neue Bauen dominieren wird, ohne den Dandanah-Baukasten zu erwähnen.[109] Der Nachsatz „Bauen ist Sterben" würde jedoch noch immer auf die Idee der vollständigen Wiederkehr des immer gleichen Materials aus seiner „Trilogie ‚utopischer Architektur'"[110], *Alpine Architektur* (1919), *Der Weltbaumeister* (1920) und *Die Auflösung der Städte* (1920), verweisen. In *Die Auflösung der Städte* führt Taut den Gedanken der immer neuen Manifestation des gleichen Materials am Beispiel eines einfachen Einzelhauses vor:

„Ihre Wohnung ist immer ‚einzig' und wo nähere Gemeinschaften sind, ist kein Nachäffen und Nachplappern, sondern ein unendlich variables Umformen von gleichen Hausbestandteilen…"[111]

Taut skizziert in den zugehörigen Illustrationen und Erläuterungen seine hier zu pragmatischen Problemstellungen geführten beziehungsweise diese überhöhenden Gedanken: Die Wohngebäude sollen aus „immer gleichen Hausbestandteilen" bestehen: verschiedenfarbigen Tafeln, deren Material ein „schlechter Wärmeleiter"[112] sein soll. Diese Tafeln sind „mit Falzen und Aufsatzleisten",[113] offenbar als Verbindungselemente, versehen. Die Form der Kombination dieser dreieckigen und polygonalen Elemente soll durch „Wind, Sonne und Lage"[114] exogen determiniert und dadurch variiert werden; durch Faktoren also, die sich auch im pflanzlichen Wachstum individuell manifestieren. So meint Regine Prange, dass sich in diesen Zeichnungen nicht nur „Glashausideen mit Gartenstadtidealen" verschmelzen, sondern es sei auch „das Prinzip des industriellen Bauens, wie es im Serienbau erst nach dem

---

109 Vgl. Regine Prange: *Kunstwollen und Bauwachsen. Zum Mimesiskonzept in Bruno Tauts Architekturphantasien*. In: Hartmut Eggert/Erhard Schütz/Peter Sprengel (Hg.): *Faszination des Organischen: Konjunkturen einer Kategorie der Moderne*. München: Iudicium (1995), S. 103–143, hier S. 139, Anm. 67.
110 S. Manfred Speidel: *Das Architekturschauspiel*. In: Bruno Taut: *Der Weltbaumeister*. Neuausgabe von Manfred Speidel, Berlin: Gebr. Mann (1999), S. 1.
111 Bruno Taut: *Die Auflösung der Städte*. Hagen: Folkwang (1920), Zeichnung 7; vgl: Prange (1991), S. 461; siehe auch dort S.146f.
112 Ebd.
113 Ebd.
114 Ebd.

Spielarchitektur und Baukunst

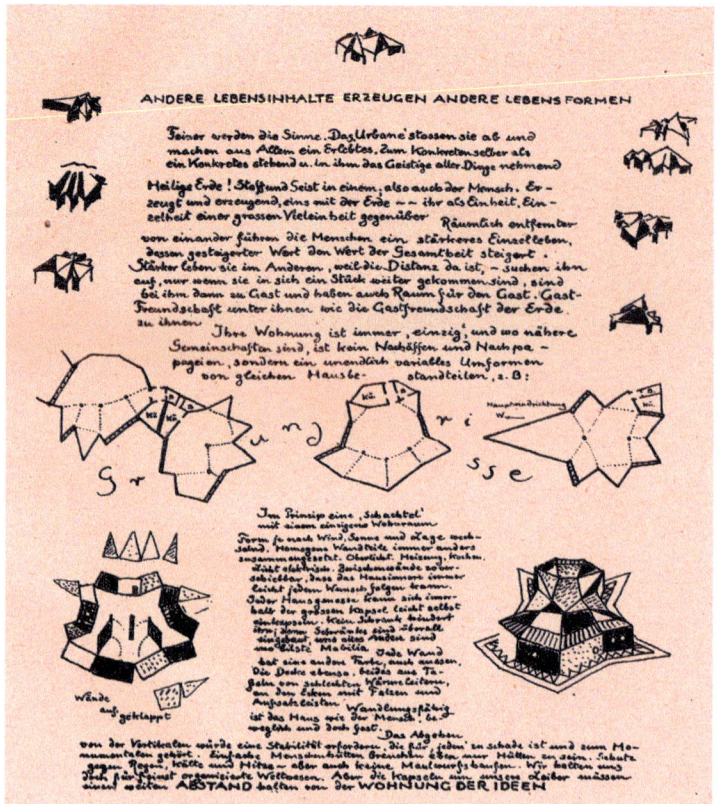

27 Bruno Taut: Die Auflösung der Städte (1920), Zeichnung 7, Ausschnitt

Krieg realisiert wurde, [...] hierin bereits überhöht".[115] Anders könnte man vielleicht sagen, dass die philosophischen Ideen Tauts schon hier auf eine pragmatische Ebene transformiert werden, indem dabei jene „Tafel- oder Plattenbauweise" beschrieben wird, die Konrad Wachsmann dann 1930 in *Holzhausbau* genau erläutern wird.[116] Bei Taut wird dieses offenbar technologisch bereits verfügbare und bei Wachsmann dann rein pragmatische System durch den philosophischen Unterbau „durchgeistigt". Als äußerliches Merkmal dienen die heute erstaunlich aktuell wirkenden polygonalen und dreieckigen Tafelzuschnitte.

Durch die Korrespondenz zu den Kästen des Spielzeugmuseums Sonneberg (Exemplare I und J) ist belegt, dass die Produktion der Dandanah-Kästen durch

---

115 S. Prange (1991), S. 147.
116 Konrad Wachsmann: *Holzhausbau*. Reprint der Ausgabe von 1930. Basel/Boston/Berlin: Birkhäuser (1995), S. 26ff.

Die Wiederkehr der Kunst

28 Modell mit Originalsteinen Exemplar D nach der Dandanah-Baukasten-Bauvorlage S2 von Bruno Taut. Foto: Canadian Center for Architecture

Artemis Yagou: Versuch einer Teilrekonstruktion mit Steinen des Exemplars B. Foto: Artemis Yagou

die Luxfer-Prismengesellschaft erfolgte, die bereits an Tauts Glashaus auf der Werkbundausstellung von 1914 beteiligt war.[117] Der Baukasten besteht also nicht wie ein Holzbaukasten oder ein Anker-Steinbaukasten aus einem Modellsubstrat, sondern aus dem originalen Material, sodass Modelltheoretiker von einem isohylen Modell[118] sprechen würden. Das allerdings nur für den Fall, dass man die Taut'schen Steinkombinationen überhaupt als Modell ansehen würde und nicht als Bauen an sich. Es wäre dann nicht Bauen in kleinem Maßstab, sondern Bauen in kleinem Ausmaß. Auch die Padas, die Feldteilungen der indischen Architektur, die Taut möglicherweise auch in seinen Grundrissen anwendete, erzeugen ja maßstabslose Strukturen.[119] Beim Hantieren mit den Dandanah-Steinen könnte sich so die Rückkehr zur Baupraxis ganz direkt vollzogen haben, von der sich Taut als Zeichner teilweise weit entfernt hatte.

Allerdings: Taut scheint nicht alle Kombinationen der Vorlagen mit den Steinen selbst, handgreiflich, erarbeitet zu haben, wie sich schon anhand der Rekonstruktionen der Vorlageblätter WE4, RO2 und GR1 ableiten lässt. Artemis Yagou stellte zudem fest, dass die rechte Steinkombination in der Vorlage S2 (Tempel), in der

---

117 S. dazu auch: Gustav E. Pazaurek: *Kunstgläser der Gegenwart*. Leipzig: Klinkhard & Biermann (1925), S. 246. Für den Hinweis auf diese Literatur danke ich Herrn Schmitt vom Badischen Landesmuseum Karlsruhe herzlich. S. inzwischen auch Yagou (2013), S. 32.
118 Stachowiak (1973), S. 153.
119 Möller (1971), S. 202.

Spielarchitektur und Baukunst

eine im Gebäude befindliche Lichtquelle suggeriert wird, ohne Hilfsmittel physisch nicht herstellbar ist.[120]

Manfred Speidel meint, dass diese Vorlage auf schwarzem Grund als einziges der ihm vorliegenden sechs Blätter „orientalisch' gemeint" sei, während die übrigen „nach etwas plumper ‚europäischer Architektur'" aussehen.[121] Um den Blick zunächst auf die Form der Bausteine zu fokussieren, wurde diese Vorlage als CAD-Modell nachgebaut und das Material einmal mit Glas und einmal mit Granit belegt. Es zeigt sich dann, dass der Kontrast zum Klassizismus, beispielsweise eines Wilhelm Kreis, von dem noch die Rede sein wird, wesentlich geringer ausfällt: Die halben Achtecke der Steintype 1 verweisen bei ihrer Verwendung in Tauts Bauvorlagen auf zwei klassische Architekturelemente: das Kapitell und den Tympanon. Als Tympanon könnte er die polygonale Ausführung eines Segmentgiebels vertreten. Als Kapitell würden die beiden schrägen Achteckseiten den Echinus darstellen, die halbierten lotrechten Seiten den Abakus. Als Vorbilder einer solchen Reduktion des Kapitells kann man zeitnahe Bezüge anführen: „Käseschnitt" nannte Julius Posener beispielsweise Hendrik Berlages vereinfachende Gestaltung der Kapitelle für die Amsterdamer Börse (1898–1903), die dort völlig bündig in einer Ebene an die Archivolten anschließen. Berlage sieht in seinen 1908 publizierten und von Taut rezipierten Vorträgen den Raum als die Hauptaufgabe des Bauens, weshalb die Mauer ihres ebenen Charakters nicht beraubt werden dürfe: „Aus dieser sogenannten ‚Architektur der Mauer', wobei die vertikale Gliederung von selbst wegfällt, folgt weiter, dass die eventuellen Stützen, wie Pfeiler und Säulen, keine vorspringenden Kapitäle erhalten, sondern dass sich die Entwicklung der Übergänge innerhalb der Mauerfläche abspielt."[122] Wesentlicher als die Steinform erscheint daher, dass bei Taut Stein gegen Glas ausgetauscht wird.

Der Glasstein konnte durch die wechselnden Lichtreflexionen auch „in der festen Form, das Gefäß der neuen Seele"[123] sein. In ihm war für Taut also etwas Lebendiges eingeschlossen, das zum Beispiel auch der damals einflussreiche und populäre Naturwissenschaftler Ernst Haeckel nicht nur im Organischen, sondern auch im Kristallinen des Steins zu finden meinte. Erstaunlicherweise wird er von Adolf Behne in seinem im August 1918 verfassten Buch *Die Wiederkehr der Kunst*

---

120 Yagou (2013), Abb. 27. – Für die Übermittlung des Fotos (Abb. 28) und die Erlaubnis, dieses in die Publikation zu übernehmen, danke ich Artemis Yagou herzlich.
121 Speidel (2007), S. 31 und Abb. S. 33.
122 Berlage (1908), S. 116 und Abb. S. 65. Man könnte zeitlich und geografisch noch näher kommen, wenn man Peter Behrens' Bauten für AEG am Berliner Humboldthain (1910–1912) als Vergleichsbeispiel heranzieht. Abb. zum Beispiel in Fritz Hoeber: *Peter Behrens*. München: Müller und Rentsch (1913).
123 Akademie der Künste, Hans-Scharoun-Archiv, Gläserne Kette 65, Objekt 2620830, S. 3.

Die Wiederkehr der Kunst

ganz als Rationalist alter Schule gesehen: „Und ist einmal die europäische Weltanschauung, deren letzter Vertreter vielleicht Ernst Haeckel gewesen ist, nämlich der Rationalismus und Positivismus überwunden, so wird die Menschheit wohl selbst empfinden, daß die Zeit der Säulenklassizistik vor Turbinenhallen und Kinofassaden vorüber ist."[124] Möglich, dass Behne dessen letztes Werk *Kristallseelen*,[125] das 1917 erschien, als Taut mit *Alpine Architektur* begann, im August 1918[126] (noch) nicht rezipiert hatte. Hier gibt Haeckel seiner monistischen Überzeugung von der Beseeltheit der organischen wie der anorganischen Materie Ausdruck, vielleicht ähnlich wie bei Tauts *Weltbaumeister*, wo es heißt: „Das hinter den Dingen schaffende und auflösende unpersönliche Prinzip, der im Kosmos wirksame ‚Weltbaumeister' ist die handelnde Person."[127] Auch Berlage verwies in seinen oben erwähnten Vorträgen von 1908 im Rahmen seiner Argumentation für die Anwendung der Triangulation auf die „Grundformen von Kristallen" und auf „Gott als des Universums Baumeister".[128]

Auf dem Titelblatt zu *Die Auflösung der Städte* zeigt Taut wie auch Heckel auf dem Cover von *Kristallseelen* einen (Schnee-)Kristall, und dort findet sich auch das oben erwähnte Zitat zur Wiedergeburt. Durch eine lebendige Betrachtung allen toten Materials konnte dann die Relation möglicherweise (wieder) umgekehrt werden: Lautete eine Überschrift in *Die Auflösung der Städte* noch „Andere Lebensinhalte erzeugen andere Lebensformen"[129], so war die Veränderung der Gesellschaft später nicht mehr Voraussetzung für eine neue Architektur, sondern eine neue Architektur, „die in ihrer eigenen Formenveränderung der allgemeinen Entwicklung sogar schon voran eilt"[130], konnte „den überberuflichen sozialen Geschehnissen und denen der sich verändernden Wirtschaftsstruktur"[131] neue Anstöße geben – wie eigentlich schon in einem Vers von Paul Scheerbart, der auf dem Glashaus der Werkbundausstellung von 1914 angebracht war:

„Das Glas bringt uns die neue Zeit,
Backsteinkultur tut uns nur leid."[132]

---

124 Adolf Behne: *Die Wiederkehr der Kunst*. Leipzig: Wolff (1919), S. 58.
125 Ernst Haeckel: *Kristallseelen*. Leipzig: Kroner (1917).
126 Behne (1919), S. 6.
127 Bruno Taut: *Über Bühne und Musik. Nachwort zum Architekturschauspiel*. In: Bruno Taut: *Der Weltbaumeister*. Berlin: Gebr. Mann (1999).
128 Berlage (1908), S. 7.
129 Taut (1920), Zeichnung 7.
130 Bruno Taut: *Bauen. Der neue Wohnbau*. Leipzig/Berlin: Klinkhardt (1927), S. 70.
131 Ebd.
132 Bruno Taut: *Ein Wohnhaus*. Stuttgart: Keller (1927), S. 71.

Spielarchitektur und Baukunst

29 CAD-Rekonstruktion des Verfassers mit Materialbelegung Glas

CAD-Rekonstruktion des Verfassers mit Materialbelegung Granit

Wilhelm Kreis: Bismarckdenkmal Eisenach, 1902.
Aus: Meissner: *Wilhelm Kreis* (1925), Taf. IV

Die Wiederkehr der Kunst

Spielarchitektur und Baukunst

30 H. P. Berlage: *Grundlagen und Entwicklung der Architektur* (1908), S. 65

Bereits hier ist das „neue" Baumaterial Glas der Auslöser für gesellschaftliche Veränderung, indem es den Backstein der bestehenden Kultur ersetzt. Noch 1927 stellt ihn Taut dem neunten Kapitel seines Buches *Ein Wohnhaus* voran, das sein eigenes Einfamilienhaus südlich von Berlin präsentierte. Dort wurde das zentral in der schwarz gefassten östlichen „Vorderfront"[133] liegende Stiegenhausfenster aus Luxfer-Prismen in der Nachtansicht wiederum zum – diesmal aber „dunklen" – „Diamanten."[134] Das Bild weist das Haus als Teil einer (gläsernen) Kette aus, die es in einen architekturtheoretischen Zusammenhang einbettete, den Taut 1920 in seiner utopischen Phase als Ziel formuliert hatte:

„Wir lassen den Praktiker ruhig leben. Er will uns zwar umbringen, aber das wird ihm nicht gelingen. Denn ohne uns wird ihm nichts gelingen, nicht einmal eine Hundehütte, und schließlich werden wir doch die besseren Praktiker sein. [...]

---

133 Bruno Taut: *Ein Wohnhaus* (1927), S. 19.
134 Bruno Taut: *Ein Wohnhaus* (1927), S. 77.

Die Wiederkehr der Kunst

31 Bruno Taut: *Ein Wohnhaus* (1927), S. 76 und Frontispiz mit ausgeklappter Farbtafel

Über jedem Stall leuchtet noch der Stern, nicht bloß in Bethlehem. Vom Stall zum Stern ist eine feste Kette, bei der man Anfang und Ende beliebig vertauschen kann, so wie sich ein Film auch rückwärts kurbeln lässt – Stall, Wohnhütte, Tisch, Stuhl, Kinderheim, Rathaus, Volkshaus, Theater, Kristall- oder Kulthaus, Stadtkrone, Völkertempel, Bergkrone, Bergumbau, Gebirgsumbau, Alpenumbau, Erdinnenumbau, Sternbau, Sternsystem, Weltennebel. – Es ist eine Kette, in der alles Kleine groß und alles Große klein wird, d. h. nahe, menschenmöglich, wenn der Zusammenhang in uns lebt. Wer einen Stall baut, braucht kein Kristallhaus

Spielarchitektur und Baukunst

bauen zu können. Aber er wird ihn nicht richtig, einfach, wie es sich gehört erbauen können, wenn er nicht weiß, auf welche Sprosse der Himmelsleiter sein Stall gehört."[135]

Voraussetzung des Bauens wäre demnach ein Gesamtbild, ein allgemeines (und, wie wir sehen, hierarchisches) Prinzip, in das sich jede Bauaufgabe, auch das Einfamilienhaus, einreihen und als deren Materialisierung sie sich ansehen lässt. Die einfacheren, kleinen Steinkombinationen auf den Bauvorlagen der Dandanah-Kästen, in denen, wie man im ersten Moment meinen könnte, lediglich die Reste der zur Verfügung stehenden Steine ihren Platz fanden, könnten auch unter diesem Aspekt als Darstellung eben dieser, hier im wörtlichen Sinne *gläsernen* Kette gesehen werden, da mit ihnen den sozusagen monumentalen Bauten elementare Kleinarchitekturen gegenübergestellt werden. Die Theorie, deren Resultat ein solches Gesamtbild ja ist, ist hier also notwendige Voraussetzung der Baupraxis. Schon bei Immanuel Kant heißt es: „Umgekehrt heißt nicht jede Hantierung, sondern nur diejenige Bewirkung eines Zwecks Praxis, welche als Befolgung gewisser im allgemeinen vorgestellten Prinzipien des Verfahrens gedacht wird."[136]

Dieses Prinzip wird hier in Form einer geschlossenen Figur, einer Kette vorgestellt, die im Gegensatz zu der „unvergänglichen Kette" des Historikers[137] keine unumkehrbare zeitliche Dimension kennt, da sie sich ja „vorwärts wie rückwärts kurbeln"[138] lässt. Wie im Buddhismus die Seele des Menschen, so kann hier das ebenfalls als beseelt vorgestellte Baumaterial in neuer architektonischer Gestalt immer wiederkehren. Betrachtet man das Cover des Baukastens unter diesem Aspekt, dann wäre man wieder verleitet zu behaupten, dass die blauen und grünen Steine in der unteren Hälfte der Grafik nicht oder nicht nur die Suggestion einer Wasserspiegelung,[139] sondern das gewissermaßen noch unbefruchtete Material darstellen, das sich in einem anderen Moment des Zyklus befindet. Die beiden Palmen, die

---

135 Bruno Taut: *Architektur neuer Gemeinschaft* (1920). In Manfred Speidel: *Bruno Taut. Ex oriente lux. Die Wirklichkeit einer Idee.* Berlin: Mann (2007), S. 129ff. Hier S. 132; ursprünglich in: *Die Erhebung. Jahrbuch für neue Dichtung und Wertung*. Bd. II. Berlin (1920).
136 Immanuel Kant: *Über den Gemeinspruch: Das mag in der Theorie richtig sein, taugt aber nicht für die Praxis*. In: Wilhelm Weischedel (Hg.): *Immanuel Kant: Schriften zur Anthropologie, Geschichtsphilosophie, Politik und Pädagogik 1* (Werkausgabe Bd. XI). Frankfurt am Main: Suhrkamp 1977, S 127ff., hier S. 127.
137 Friedrich Schiller: *Was heißt und zu welchem Ende studiert man Universalgeschichte?* In: *Schillers sämtliche Werke in zwölf Bänden*, Bd. 10. Stuttgart und Tübingen: Cottascher Verlag (1857). S. 356ff.; S. 378f.
138 Taut zitiert nach Speidel (2007), S. 132.
139 Speidel et al. (2000), S. 46.

aus diesem unteren Bereich herauszuwachsen scheinen, führten das „biologisch-kosmische Werden"[140] des Baues auf einer symbolischen Ebene vor.

In seiner stellenweise polemischen Streitschrift *Bauen* beharrt Taut auch 1927 noch auf dem Widerspruch zwischen Architektur und Bauen:

„Selbst da, wo sich die Fähigkeiten des Einzelnen in einer besonderen Richtung entwickeln, muss dies im Zusammenhang mit dem Ganzen geschehen und kann nur das Glied einer Kette sein. Für uns ist Bauen keine Bauerei mehr, etwa in dem Sinne, wie das Malen zur Malerei wurde. Wir wollen unter keinen Umständen unsere Häuser so bauen, daß sie nachher in einem gerahmten Bilde hübsch aussehen, daß also aus Bauen Bauerei und schließlich Malerei wird. Ebenso wie die Malkunst an Stelle des Begriffs Malerei den Rahmen des einzelnen Bildes sprengt und alles umfaßt, was nur irgend mit der Farbe und ihrer Anwendung zu schaffen hat, ebensoweit spannt sich unser Beruf, sobald wir an die Stelle des Wortes und Begriffs Architektur oder Bauerei die Baukunst oder das Bauen setzen."[141]

Für das „Haus des kleinen Mannes",[142] das als „Wohnhütte"[143] seinen Platz in Tauts Kette der Architektur hatte, werden hier wieder „jene einfachen Häuser mit simpelstem Dach, ohne Walm mit einem einfachen Giebel, die in ihrer schönen klaren Kantigkeit so unschuldig dastehen, wie wenn sie eben aus der Spielschachtel genommen wären",[144] zum Vorbild, wie es eigentlich schon von Muthesius gefordert wurde. Johannes Molzahn, der das Buch gestaltet hatte, scheint das schon 1924 in seinem Cover für die zweite Auflage zu Tauts *Die neue Wohnung. Die Frau als Schöpferin*[145] in einem Sujet zu illustrieren, das den Dandanah-Vorlagen entnommen sein könnte.

Obwohl Taut in *Bauen* mit der Werkbundarbeit vor dem Ersten Weltkrieg wieder versöhnt zu sein scheint, da ihm „die eigentümliche Wellenbewegung erkennbar" wird, die (auch) seine „Generation im Prinzip mit der vorletzten, also mit den Großvätern verbindet"[146] und sich als Teil einer internationalen modernen Bewegung sieht, bleibt er in gewisser Distanz zu den den Massenwohnungsbau der 1920er-Jahre beherrschenden „Zweckbauten", wenn er als „Vorzeichen" sieht: „Die besten Köpfe denken schon daran, wie einmal über das Rationelle hinaus wieder das

---

140 Prange (1991), S. 135.
141 Taut: *Bauen* (1927), S. 70.
142 Taut: *Bauen* (1927), S. 34.
143 Taut zitiert nach Speidel (2007), S. 132.
144 Taut: *Bauen* (1927), S. 34.
145 Bruno Taut: *Die neue Wohnung. Die Frau als Schöpferin.* Leipzig/Berlin: Klinkhardt (1924).
146 Taut: *Bauen* (1927), S. 15.

Spielarchitektur und Baukunst

32 Bruno Taut: Dandanah-Baukasten Bauvorlage WE1, Ausschnitt, Deutsches Spielzeugmuseum in Sonneberg. Foto Julia Thomae

Johannes Molzahn: Cover zu Bruno Taut: *Die neue Wohnung. Die Frau als Schöpferin*, 2. Auflage (1924)

‚Irrationale' sich entfalten könnte."[147] Taut greift hier auf einen Text zurück, den er schon 1921 in der ersten Nummer der Zeitschrift *Frühlicht* veröffentlicht hatte, und scheint dabei auf eine Überwindung des vermeintlichen Gegensatzes zwischen Bauen und Architektur zu zielen, wenn er die Figur des Portiers Hannemann aus Paul Scheerbarts Roman *Der Architektenkongress* als „Ausblick in die Zukunft" aus der Zeit „vor dem Kriege"[148] im Jahr 1927 – damals also dann tatsächlich „im zweiten Viertel des zwanzigsten Jahrhunderts" – mit folgender Stelle zitiert:

---

147 Taut: *Bauen* (1927), S. 16.
148 Ebd.; Paul Scheerbart: *Der Architektenkongress*. In: *Frühlicht* Herbst 1921, Reprint Berlin: Gebr. Mann (2000), S. 26f.

Die Wiederkehr der Kunst

„Dein Sinn mein Sohn ist zu sehr auf das Praktische gerichtet, darum willst du Ingenieur werden. Laß das sein; es ist nicht mehr zeitgemäß. Die Zeit schreit nach den großen Architekten, die unser Leben endlich einmal lebenswert machen sollen. Vor zwanzig Jahren war das noch anders, da spielte der Ingenieur tatsächlich die erste Rolle im menschlichen Leben. Heute jedoch leben wir schon mitten im zweiten Viertel des zwanzigsten Jahrhunderts. Darum geh in dich, laß das Praktische beiseite und werde Architekt. Dann kannst du ein berühmter Mann werden und das Leben der Menschen köstlich ausgestalten."[149]

149 Aus Paul Scheerbart: *Der Architektenkongress*. Zitiert nach Taut (1927), S. 16.

33 László Moholy-Nagy: Cover zu Walter Gropius: *Internationale Architektur* (1927)

3 Internationale Architektur

„…er befreite die Architektur von den Schlacken rudimentärer Ornamentformen und gab ihr eine mathematische Reinheit und Durchsichtigkeit. Der Mangel schulmäßiger Tradition wurde durch rechnerische Fixierung der schönen Normalform ersetzt. Die Norm war schließlich das letzte Ziel der Renaissance überhaupt und dadurch kam der kosmopolitische Zug in dieser Kunst, der ihr zu dem ungeheuren Erfolg verhalf."
    Fritz Burger: *Die Villen des Andrea Palladio*.
    Leipzig: Klinkhardt & Biermann (1909), S. 14

Adolf Behne unterschied in *Die Wiederkehr der Kunst* zwischen dem „Architekten" und dem „Architektoniker": „Architektonik ist ein verborgenes Streben in aller Kunst zur Einheit. Führerin zur Einheit ist die Architektur."[150] Unter seinen Zeitgenossen erkannte er neben Bruno Taut nur noch einen weiteren „Architektoniker", der sich durch ein „in der Art höheres Wollen"[151] auszeichne, nämlich Walter Gropius. Im Vorwort zu seinem ebenfalls 1919 erstellten *Programm des staatlichen Bauhauses in Weimar* hatte dieser, ganz in Einklang mit den gleichzeitig von Behne vertretenen Ansichten, die Einheit der Künste im „neuen Bau Zukunft", der „kristallenes Sinnbild eines neuen kommenden Glaubens" sein und durch eine „neue Zunft der Handwerker" entstehen sollte, als Ziel formuliert.[152] Auch Gropius scheint sich nach dem Ersten Weltkrieg so zunächst von seinen davor geschaffenen Werken zu distanzieren und einen radikalen Neubeginn zu wagen: „Nur wenn wir vieles vergessen, was einst möglich war und heute Utopie ist", könne der Obdachlosigkeit nach dem Krieg mit einfachen Materialien, konkret durch die Verwendung von Holz anstelle von Glas und Stein, und mit elementaren handwerklichen Bauweisen abgeholfen werden: „Hütten bauen als erste notwendige Aufgabe eines neuen Aufbaues".[153]

---

150 Behne (1919), S. 22.
151 Ebd.
152 Walter Gropius: *Programm des staatlichen Bauhauses in Weimar*. 1919, BHA 6.806_b.
153 Walter Gropius: *Neues Bauen*. In: *Der Holzbau*. Beilage zur DBZ (1920), Nr. 2, S. 5.

Spielarchitektur und Baukunst

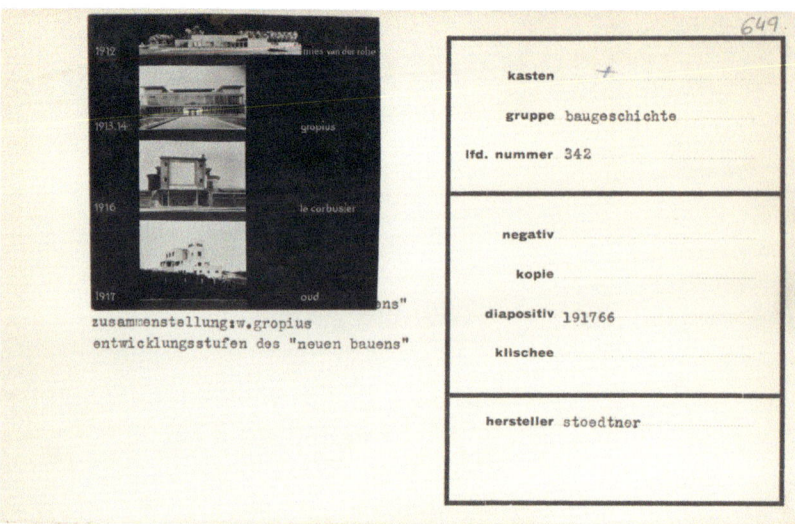

34 „entwicklungsstufen des ‚neuen bauens'. zusammenstellung:
w. gropius." Karte aus der Diakartei von Walter Gropius und Ausschnitt des Dias.
Bauhausarchiv Berlin

Internationale Architektur

Ganz in diesem Sinne soll das Wohnhaus für den „Sägewerksbesitzer und Bauunternehmer Adolf Sommerfeld"[154] aus dem Holz eines alten Kriegsschiffes errichtet worden sein.[155] Joseph Rykwert sieht im Blockhaus Sommerfelds das erste Werk, das als kollektive Anstrengung des Bauhauses das Manifest von 1919 in der Realität veranschaulichte, da Josef Albers ein Glasfenster, Joost Schmidt die Holzschnitzereien, Hans Jucher die Metallreliefs und Marcel Breuer (man wird hinzufügen müssen: zumindest teilweise) die Möbel schuf.[156] Andererseits kann man es auch als radikale Umsetzung der von Muthesius um 1900 propagierten Reform ansehen, der ja – wie eingangs bereits erwähnt – die Rückkehr zu einer „einfach-natürlichen vernunftgemäßen Bauweise"[157] gefordert hatte.

Im Bauhausarchiv sind zwei Karten der persönlichen Diakartei von Walter Gropius aus den 1920er-Jahren erhalten, die in wenigen Beispielen mit von ihm selbst entworfenen Bildkompilationen offensichtlich die „*entwicklungsstufen des ‚neuen bauens'*" veranschaulichen sollen. Beide greifen in die Vorkriegszeit etwa bis zur Jahrhundertwende zurück[158] und enden schon 1917, womit hier eine diesmal historische Kette generiert wird, die den Neubeginn nicht mehr nach dem Kriegsende setzt, sondern die Entwicklung sogar schon vorher abgeschlossen sieht. Gropius beginnt seine Darstellung auch nicht mit archaischen Hütten, die ihre Form dem Handwerk verdanken, sondern das älteste Projekt ist Louis Sullivans bekanntes Warenhaus Carson, Pirie, Scott & Co, hier mit 1906 datiert.[159] In der zweiten Zusammenstellung steht nicht einmal ein ausgeführtes Bauwerk am Anfang, sondern ein *Architekturmodell*: Ludwig Mies van der Rohes Entwurf für das Haus Kröller von 1912. Dann folgt dort die Musterfabrik von Gropius und Meyer auf der Werkbundausstellung in Köln 1914, danach Le Corbusiers Villa Schwob, datiert mit 1916 und 1917 mit dem

---

154 Winfried Nerdinger: *Walter Gropius*. Berlin: Gebr. Mann (1985), S. 44.
155 Ebd.; vgl. dazu Annemarie Jaeggi: *Adolf Meyer. Der zweite Mann. Ein Architekt im Schatten von Walter Gropius*. Berlin: Argon (1994), S. 293, wo es lediglich heißt, dass „Teakholzpaneele aus der Offiziersmesse eines abgetakelten Kriegsschiffes" für die „Auskleidung des Vestibüls und als Material für das Parkett" verwendet worden seien.
156 Joseph Rykwert: *On Adam's House in Paradise*. New York: MoMA (1972), S. 23f.; vgl. dazu Jaeggi (1994), S. 411ff.
157 Muthesius (1902), S. 61.
158 BHA 2000_12.648 und 12.649.
159 Das Gebäude wurde allerdings bereits ab 1899 errichtet, wobei die markante Ecke von 1903 stammt. S. dazu zum Beispiel Lauren S. Weingarten in: Alice Sinkevitch (Hg.): *AIA Guide to Chicago*. Orlando/Austin/New York u. a.: Harcourt (2004), S. 56ff.

Spielarchitektur und Baukunst

35 Ludwig Mies van der Rohe: Haus Kröller (1912) Aus: Fritz Neumeyer: *Mies van der Rohe. Das kunstlose Wort* (1986), S. 109

J.J.P. Oud: Villa Allegonda (1917). Aus: Heinrich de Fries: *Moderne Villen und Landhäuser* (1924), S. 61

jüngsten der gezeigten Objekte, dem Umbau der Villa Allegonda in Katwijk aan Zee, hier J. J. P. Oud zugeschrieben[160] ist die letzte Stufe bereits erreicht.

War Mies van der Rohes Entwurf für das Haus Kröller „dem reduzierten klassizistischen Repertoire von Peter Behrens"[161] verpflichtet, der bei diesem Auftrag ja durch seinen eigenen Mitarbeiter konkurrenziert wurde, so steht nur fünf Jahre später mit

---

160 Bei Heinrich de Fries: *Moderne Villen und Landhäuser*. Berlin: Wasmuth (1924), S. 60f. und dann ebenso in: Walter Gropius: *Internationale Architektur*. München: Langen, 2. Auflage (1927), S. 61: Entwurf M. Kamerlingh Onnes.
Gropius' Blick auf den Umbau von Oud ist hier ein retrospektiver. Das BHA datiert die Karteikarte auf die 1920er-Jahre. Eventuell ist sie auf 1923 zu datieren, als Gropius Oud um Fotos der Villa ersuchte. S. auch Herman van Bergeijk: „*Ein großer Vorsprung gegenüber Deutschland". Die niederländischen Architekten auf der Bauhausausstellung von 1923 in Weimar*. In: *RIHA Journal* 0064, 17. Januar 2013, (htttp://www.riha-journal.org/articles/2013/2013-jan-mar/van-bergeijk-bauhausausstellung 1923), Abfrage 25.01.2020.
161 S. Wolf Tegethoff: *Wege und Umwege zur Moderne: Mies van der Rohes Frühwerk und der ‚Preussische Stil'*. In: Terence Riley/Barry Bergdoll (Hg.): *Mies in Berlin. Ludwig Mies van der Rohe. Die Berliner Jahre 1907–1938*. München/Berlin/London/New York: Prestel (2001), S. 135ff., hier S. 140ff.

Internationale Architektur

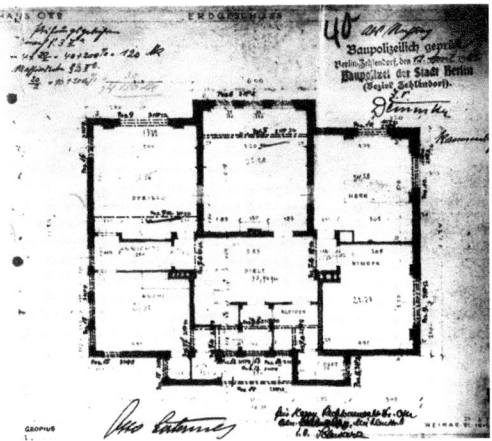

dem Entwurf von Oud (und M. Kahmerlingh Onnes) am Endpunkt ein glatt verputzter Baukörper. Das Haus war ein Umbau einer Villa aus dem Jahr 1909.[162] Heinrich de Fries schrieb über das Projekt:

36 Gropius/Meyer: Haus Otte, Berlin (1921–22) Gartenansicht und Grundriss. Aus: Annemarie Jaeggi: *Adolf Meyer. Der zweite Mann* (1994), S. 146 und 308

„Ein sehr bemerkenswerter Landhausbau des bekannten holländischen Architekten und jetzigen Stadtbaumeisters von Rotterdam. Die Leistung imponiert durch völligen Fortfall jeder auch nur andeutenden dekorativen Geste und sucht die Lösung des schöpferischen Problems nur in der Klarstellung der kubischen Gestaltung. Trotzdem wird durch den Reichtum der Raumstaffelung und der Formüberschneidung der Eindruck der kraftvollen lebendigen Ruhe zwingend erzielt."[163]

Andererseits hat Theo van Doesburg, der für das Haus ein Glasfenster entwarf, in einer Stellungnahme in *De Bouwwereld* 1922 dazu geschrieben: „[H]ier ist also anzumerken, dass wir diesen ‚kubistischen' Versuch einem Entwurf des akademischen Malers M. KAMERLINGH ONNES verdanken. Hier war kein ‚kubistischer', sondern ein ‚romantischer' Effekt erwünscht. Eine vermittelnde Rolle spielte dabei der Architekt OUD, der diesen Plan technisch umsetzbar machte."[164]

---

162 https://nl.wikipedia.org/wiki/Villa_Allegonda, Abfrage 9.10.2023.
163 De Fries (1924), S. VIII.
164 Theo van Doesburg: *De architect J. J. P. Oud. „Voorganger" der „kubisten" in de bouwkunst?* In: *De Bouwwereld*, 21 (19.7.1922), Nr. 30, S. 229, Übersetzung durch den Verfasser, s. auch Bergeijk (2013).

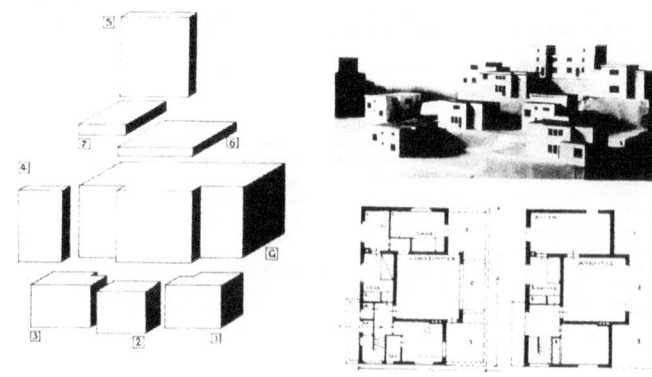

37 Walter Gropius/ Fred Forbat: Wabenbau (1922), Schautafel 1923. Aus: Winfried Nerdinger: *Walter Gropius* (1985), S. 59

Betrachtet man im Werk von Gropius beispielsweise im Vergleich dazu das Haus Otte von 1921–1922, dann ist man eher geneigt, der Meinung van Doesburgs zu folgen, dass es sich hier eventuell um einen eher unbewussten Vorläufer handelte,[165] der vielleicht sogar noch im Sinne einer Stilarchitektur an nordafrikanische Bauten erinnern wollte.[166]

Das Haus Otte kann wiederum als „verputzte und dramatisierte Version des Hauses Sommerfeld"[167] gesehen werden. Aus diesem Entwurf scheint dann der *Wabenbau* hervorgegangen zu sein. Der Entwurf im Büro Gropius/Meyer, an dem, wie am Haus Otte, Fred Forbat mitgearbeitet hatte, war 1922 für die Errichtung einer Bauhaussiedlung am Horn in Weimar gedacht, die in Zusammenhang mit der Bauhausausstellung 1923 entstehen sollte.[168] Erweiterungen eines Grundbaues sollten hier verschiedene Hausgrößen auf einheitlicher Grundlage ermöglichen.

Annemarie Jaeggi bemerkte, dass der Entwurf noch immer „dem klassischen Ideal des geschlossenen Blocks verpflichtet"[169] war. Es verwundert daher also keineswegs, wenn Emil Kaufmann in *Von Ledoux bis Le Corbusier* im Zusammenhang mit Entwürfen des Klassizismus des späten 18. Jahrhunderts auf die Publikation

---

165 Man vergleiche aber auch den Villenentwurf von H. A. van Arooy bei Bergeijk (2013), Abb. 17.
166 https://nl.wikipedia.org/wiki/Villa_Allegonda, Abfrage 9.10.2023.
167 S. Jaeggi (1994), S. 145, dort aber auch der Verweis in Anm. 238 auf Heinrich Klotz.
168 S. zum Beispiel Jaeggi (1994), S. 323.
169 Jaeggi (1994), S. 161.

Internationale Architektur

38 Claude-Nicolas Ledoux: Haus eines Schriftstellers. Aus: Emil Kaufmann: *Von Ledoux bis Le Corbusier* (1933), S. 49

Architekturabteilung des Staatl. Bauhauses (Leitung: W. Gropius): Modelle zu Serienhäusern. Aus: Walter Gropius: *Internationale Architektur* (1927) S. 103 – Ausschnitt

des Projekts in *Internationale Architektur* [170] von Gropius hinweist, in dessen Formprinizipen er Parallelen zu den Arbeiten von Ledoux sieht: „Die reinste Erfüllung der neuen Gedanken zeigen die Entwürfe des Schriftstellerhauses und eines Hauses für vier Familien. [...] Die stärkste positive künstlerische Qualität dieser Entwürfe ist das von Ledoux vor allem erstrebte ‚jeu des masses'. Das hier zugrunde liegende Gestaltungsprinzip entspricht dem Leitmotiv unseres heutigen Bauens, wie es Walter Gropius im ersten Band der Bauhaus-Bücher mit den Worten umschrieben

---

170 S. Walter Gropius: *Internationale Architektur.* München: Langen (1927) 2. Auflage, S. 103.

Spielarchitektur und Baukunst

hat: ‚Variabilität desselben Grundtyps durch wechselweisen An- und Aufbau sich wiederholender Raumzellen.'"[171]

Schon 1911 hatte Walter Gropius in einem Brief an Karl Ernst Osthaus, den er gleichzeitig um Verschwiegenheit über diese Idee bat, berichtet:

„Die Neuerung liegt namentlich in der Industrialisierung der Zeichnung: ich habe einen Anker-Steinbaukasten von einzelnen Bauteilen, aus dem ich je nach lokalen und individuellen Bedürfnissen mit Hilfe bestehender Ausführungsfirmen Häuser zusammensetzen kann."[172]

Aufgrund dieser Textstelle können wir davon ausgehen, dass ihm der Anker-Steinbaukasten geläufig und offensichtlich Inspirationsquelle war. Gropius scheint die Steine des Anker-Baukastens dabei wie eine Fröbel'sche Spielgabe zu verwenden, deren wesentliches Charakteristikum die offene Form war, die ebenso gut einen Teil eines Fenstergewändes wie einen Marktplatz darstellen konnte.[173] Der Anker-Baukasten hingegen fixierte den Stein von vornherein auf einen konkreten Abbildungsvorbereich, wie Säule, Bogen, Mauerstein oder Zierglied.

Bereits 1910 hatte sich Gropius ohne Erfolg mit einem „Programm zur Gründung einer Allgemeinen Hausbaugesellschaft auf künstlerisch einheitlicher Grundlage m. b. H."[174] an Emil Rathenau gewandt, der damals die Geschäfte der AEG leitete.[175] In dem Programm waren bereits – über die Idee einer industriellen Fertigung von Häusern hinausgehend, die sich an Edisons Betonfertighaus von 1907 orientierte[176] – andere wesentliche Punkte späterer Überlegungen enthalten. So wird hier die Internationalität der Architektur als Ergebnis der zunehmenden Verkehrsmöglichkeiten und dem daraus folgenden kulturellen Austausch gesehen. Sie ist hier

---

171 Emil Kaufmann: *Von Ledoux bis Le Corbusier*. Wien: Prasser (1933), S. 48.
172 Walter Gropius in einem Brief an Karl Ernst Osthaus vom 31.10.1911, hier zitiert nach: Reginald R. Isaacs: *Walter Gropius. Der Mensch und sein Werk*. Bd. 1. Berlin: Gebr. Mann (1983), S. 266; ebenso bei: Peter Stressig: Hohenhagen. „Experimentierfeld modernen Bauens". In: Herta Hesse-Frielinghaus et al.: *Karl Ernst Osthaus. Leben und Werk*. Recklinghausen: Bongers (1971), S. 462f.
173 S. Fröbel (1883), S. 263: *Das fünfte Spiel des Kindes – Lebensformen*.
174 Nach Isaacs, Bd. 2 (1984), S. 1250.
175 Isaacs (1983), S. 93.
176 S. hierzu und im Folgenden den Abdruck in englischer Sprache: Walter Gropius: *Programme for the Establishment of a Company for the Provision of Housing on Aesthetically Consistant Principles*. In: *Gropius at Twenty-six. The Architectural Review* 130 (1961), S. 49ff. Zu Edisons Fertighaus von 1907 auch: Udo Kultermann: *Die Architektur im 20. Jahrhundert*. Köln: DuMont (1977), S. 19ff.

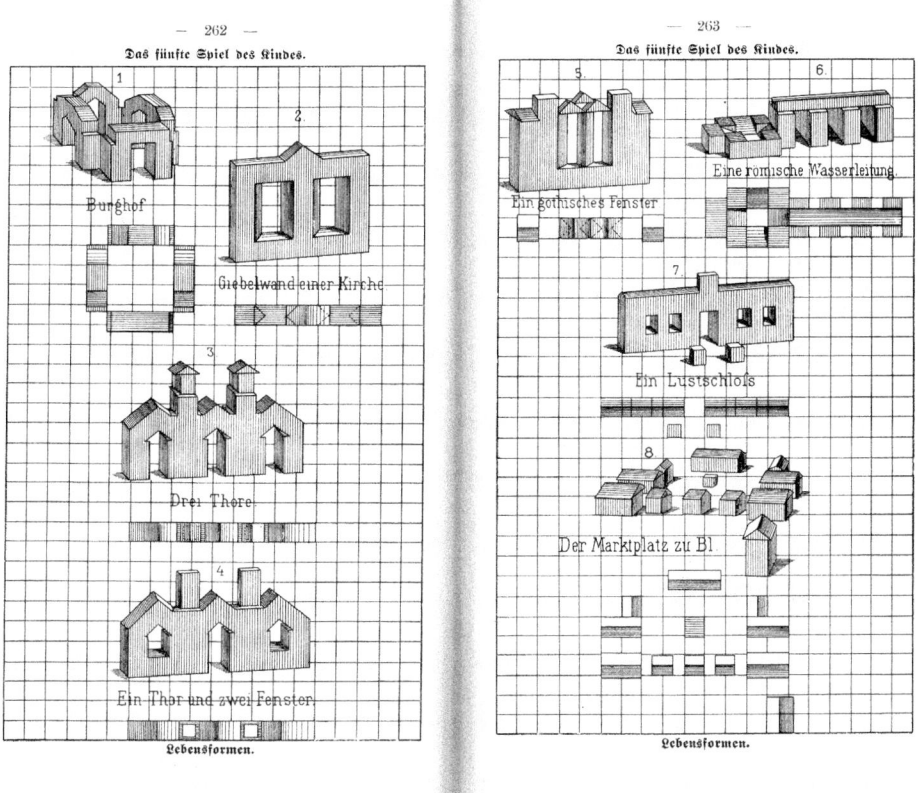

39 Friedrich Fröbel: Das fünfte Spiel des Kindes. Aus: Heinrich Seidl: *Friedrich Fröbels Kindergartenwesen* (1883), S. 262–263

Voraussetzung für einen der Serienproduktion entsprechenden Absatzmarkt. Weiterhin wird die Variabilität des Haustyps sowohl in Hinblick auf die unterschiedlichen Bedürfnisse der Konsumenten als auch aus Rücksicht auf das Stadtbild angeführt. Zunächst wollte Gropius seine Ideen noch gemeinsam mit Behrens erproben.[177] Gropius hatte zu dieser Zeit für Behrens die Durcharbeitung und Bauleitung der Häuser Schroeder und Cuno in Hagen übernommen.[178] Aufgrund der offenbar erheblichen bautechnischen Mängel kam es jedoch zum Zerwürfnis

---

177 Nach Stressing (1971), S. 462: Nerdinger merkt an, dass Gropius „den Plan einer industriellen Häuserproduktion [...] schon 1909 mit Behrens entwickelt hatte", s. Winfried Nerdinger: *Le Corbusier und Deutschland 1920–1927*. In: Stanislaus von Moos (Hg.): *L'Ésprit Nouveau. Le Corbusier und die Industrie 1920–1925*. Museum für Gestaltung Zürich/Berlin: Ernst & Sohn (1987), S. 46.
178 Gropius hat nach eigenen Aussagen beide Häuser „entworfen und betreut". Stressing (1971), S. 459f.

Spielarchitektur und Baukunst

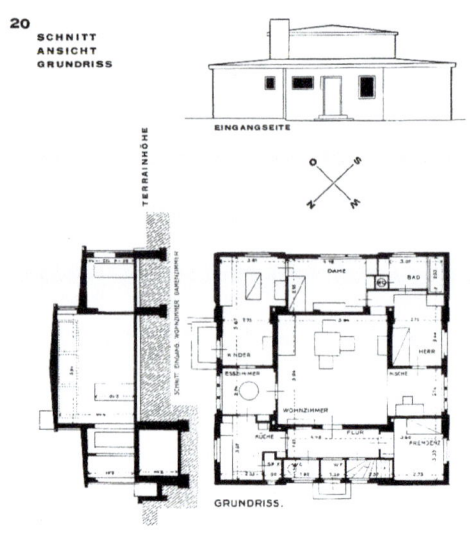

40 Georg Muche: Versuchshaus des Bauhauses (1923). Aus: Adolf Meyer: *Ein Versuchshaus des Bauhauses in Weimar* [1925], Cover und S. 20

mit Behrens.[179] Auch die daran anschließenden Pläne, auf Empfehlung von Karl Ernst Osthaus eine größere Anzahl von Wohneinheiten zu errichten, an denen Gropius' Gedanken hätten demonstriert werden sollen, zerschlugen sich.

Im Wabenbau scheint Gropius 1922 die Idee des Anker-Steinbaukastens als Entwurfsprinizip wieder aufzunehmen.[180] Der Grundriss ging von einem zentralen quadratischen Wohnraum aus, der zunächst an drei Seiten von Neben- und Schlafräumen umgeben sein sollte.[181] Der Grundkörper (G) war offensichtlich zweigeschossig geplant,[182] wodurch sich über dem Wohnraum ein gleich großes Arbeitszimmer ergab. Wohnraum und Arbeitsraum bildeten einen Mittelrisalit. Durch ebenerdige Anfügungen (Elemente 1, 2 und 3) konnte er so erweitert werden, dass das Wohnzimmer im Erdgeschoss in

---

179 Alan Windsor: *Peter Behrens. Architekt und Designer*. Stuttgart: DVA (1985), S. 108ff.
180 S. zum Beispiel Nerdinger (1985), S. 58ff.
181 S. hierzu und im Folgenden Nerdinger (1985), Abb. 10a, S. 59.
182 Forbat spricht hingegen nach Nerdinger (1985), S. 58 von einem zunächst „erdgeschossigen Haus", das aufgestockt werden konnte.

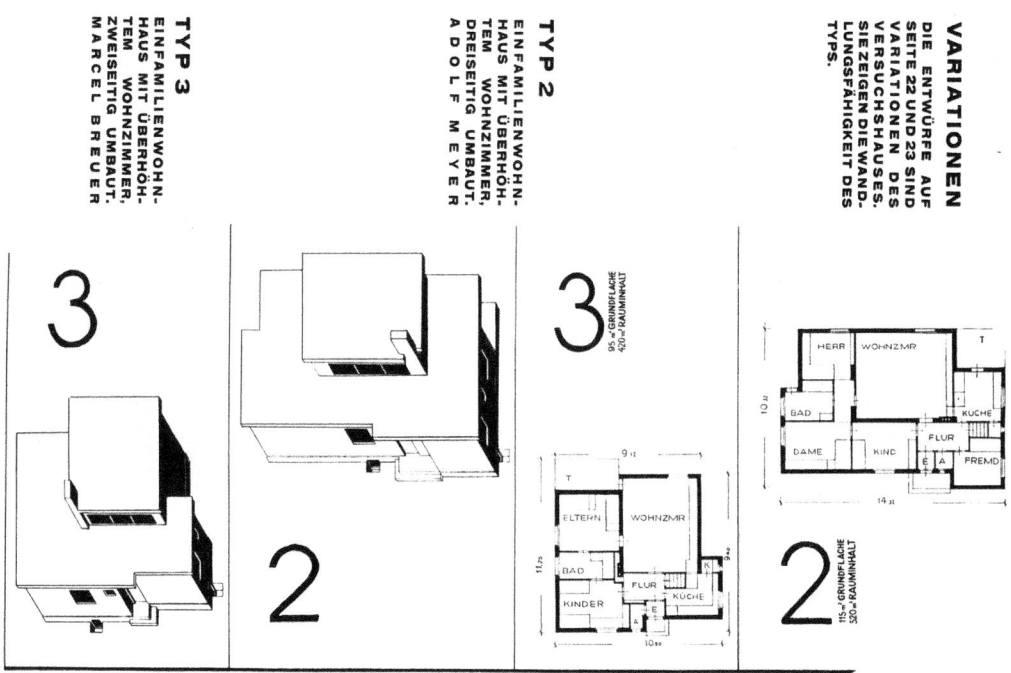

41 Adolf Meyer / Marcel Breuer: Variationen des Versuchshauses. Aus: Adolf Meyer: Ein Versuchshaus des Bauhauses in Weimar. [1925] S. 22

der maximalen Ausbaustufe gänzlich umschlossen gewesen wäre. Es standen aber zusätzlich vertikale Körper zur Verfügung, die einerseits dem Vorsprung des Risalits entsprachen (4), andererseits möglicherweise den Eingangsbereich erweiterten (5). Ob die restlichen Elemente (6 und 7) die von Forbat erwähnte Aufstockung betrafen, bleibt im vorliegenden Material unklar.

Fred Forbat, der von Gropius für die Projektierung angestellt war, erinnerte sich, dass nach dem von Gropius festgelegten Prinzip „nur Bauteile typisiert werden sollten, aus denen die verschiedenen Baukörper zusammengestellt werden"[183] konnten. Das bedeutet, dass es nicht die Idee war, die einzelnen Raumzellen selbst herzustellen und diese tatsächlich als Container auf der Baustelle zu assemblieren. Nachdem Forbat erkrankt war, soll Gropius das Konzept zu seinem „Baukasten im Großen" weiterentwickelt haben.[184]

---

183 Ebd.; s. auch Jaeggi (1994), S.160, wo jeweils die Normung von Schalungsteilen als Ziel genannt wird.
184 Jaeggi (1994), S. 437 und Nerdinger (1985), S. 60.

Spielarchitektur und Baukunst

Schließlich kam nur ein einziges Haus für die Bauhausausstellung 1923 nach einem Entwurf des Malers Georg Muche zur Ausführung, der sich mit dem allseitig umschlossenen zentralen quadratischen Wohnraum eng an Gropius' Wabenbau anlehnte. Besonders die Lösung mit den Schlafzimmern des Herrn und der Dame und dem gemeinsamen Bad in der Gebäudeecke dürfte hier übernommen sein. So erscheint die generöse Geste von Gropius, der seinen eigenen Entwurf innerhalb des Bauhauses nicht durchsetzen konnte und sich in der Folge Muches Ausführungen bereitwillig anschloss,[185] zumindest auf den ersten Blick in einem taktischen Licht. Die in der Veröffentlichung von 1925 beigegebenen „Variationen" des Typs von Meyer und Breuer[186] relativieren Muches Leistung nochmals zugunsten der typologischen Festlegungen, die mit dem Wabenbau übereinstimmen. In der Veröffentlichung ist auch die technische Ausführung des Hauses erläutert. Sie erfolgte für dieses Einzelstück jedenfalls nicht – wie für den Wabenbau offensichtlich noch nach dem Vorbild von Edison geplant – als Guss von Schlackebeton in normierten Schalungen, sondern konventionell unter Verwendung der zeitgemäßen Produkte der Bauindustrie auf der Baustelle.

Bei der Bauhausausstellung von 1923 präsentierte Gropius nicht nur den Wabenbau, sondern auch seinen „Baukasten im Großen". Zu diesem Entwurf sind die isometrischen Darstellungen, Grundrisse und Fotografien aus *Ein Versuchshaus des Bauhauses* bekannt, die hier Grundlage der Betrachtung sind.[187] Darüber hinaus findet sich in der Literatur[188] noch eine Isometrie eines Serienhauses aus der Raumkörperkombination 1, 2, 3 und 4, die auf der Bauhausausstellung von 1923 über dem auch in den Fotografien abgebildeten Gipsmodell des gleichen Entwurfes ausgestellt war.[189]

Auch hier werden Baukörper als Kombination von „Einzel-Raumkörpern" gedacht, allerdings nun nicht mehr so, dass einer allein ein vollständiges Haus wäre. Dazu sind nun zumindest zwei Grundkörper erforderlich, für das Haus am Horn, das aus einer Kombination der Körper 1, 2, 3 und 4 bestehen sollte, vier. In der Isometrie

---

185 S. Isaacs (1983), S. 301f., vgl. Jaeggi (1994), S. 127 und 323.
186 Adolf Meyer: *Ein Versuchshaus des Bauhauses in Weimar (Bauhausbücher 3)*. München: Langen [1925], S. 23.
187 Meyer [1925] S. 8–11; die zeichnerischen Reproduktionsvorlagen sind im Bauhausarchiv zumindest teilweise erhalten: BHA 12.264/1 und 12.264/2.
188 S. Anna Teut: *Wohnungs- und Siedlungsausstellungen der 20er Jahre. Annäherungen an einen Typus*. In: *Daidalos* 2 (1981), S. 57. Für die Abbildung ist keine Quellenangabe vorhanden. Auch eine schriftliche Anfrage vom 12.1.1994 führte zu keinem Ergebnis.
189 S. Nerdinger (1985), S. 61, Abb. 10c, wo übrigens auch die von Forbat in Nerdinger (1985), S. 60 erwähnten „Gipsmodelle von den 8 Raumzellen" zu *Wabenbau* zu sehen sind. Fotografien der Schautafel: BHA 6.471/1 und 6.471/2.

Internationale Architektur

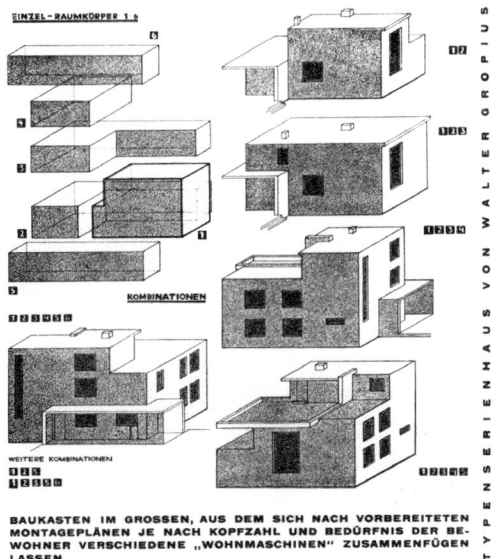
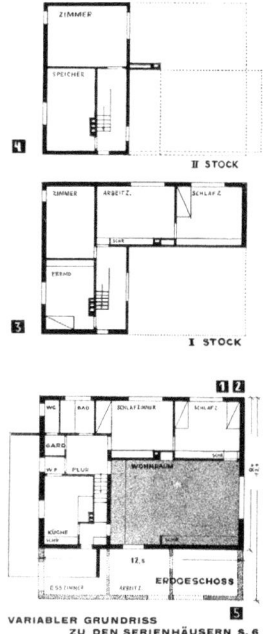

sind die Raumkörper einzeln und als sich aus deren Kombinationen ergebende Architekturen dargestellt. Insgesamt werden sieben Kombinationen angegeben, jedoch nur fünf davon illustriert. In den Grundrissen sind die „Raumkörper" 1–5 sowie die im Serienhausmodell zusätzlich auftretenden Elemente dargestellt: die über dem Erdgeschoss auskragende Terrasse und die Glasveranda um Eingang und Küche.[190]

42 Gropius: Baukasten im Großen (1922). Aus: Adolf Meyer: *Ein Versuchshaus des Bauhauses* [1925], S. 8–11

---

190 S. Meyer [1925], S. 8f.

Spielarchitektur und Baukunst

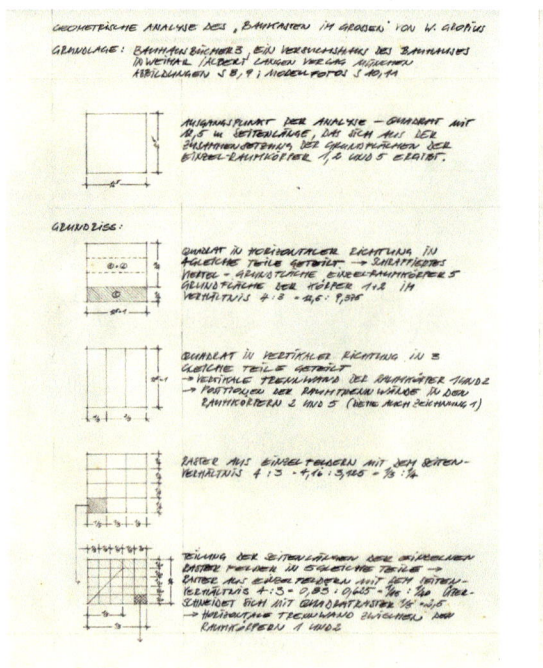
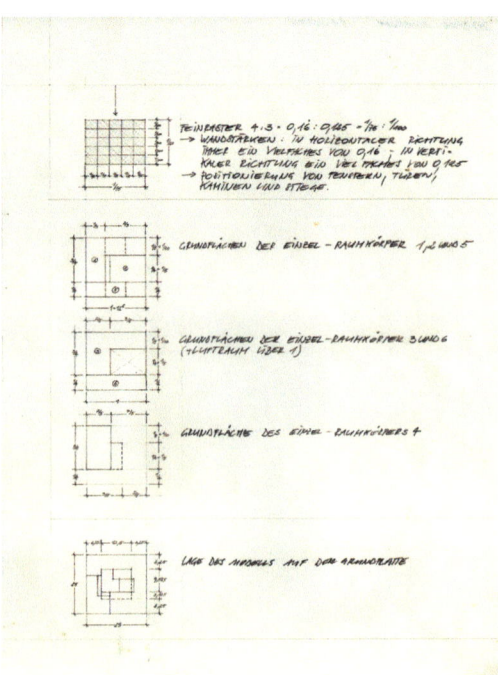

43 Baukasten im Großen. Analyse Barbara Kübler, 1992. TU Wien, Institut für Künstlerische Gestaltung, Überblick

Gropius' Vorstellung war es, scheinbar großformatige Volumina zu Häusern verschiedener Größe zu addieren. Da es sich aber um eine Weiterentwicklung des Wabenbaus handelt, ist davon auszugehen, dass auch hier nicht daran gedacht war, die einzelnen Raumzellen herzustellen und diese nun tatsächlich als Container auf der Baustelle zu assemblieren, sondern es sollten allenfalls genormte Bauteile zu diesen Baukörpern verbunden werden.[191] Das Zusammenstellen der Körper war also nur eine gestalterische Modelloperation.

1989 erwarb das Institut für Künstlerische Gestaltung der TU Wien von der Hochschule für Architektur und Bauwesen Weimar ein Modell der Einzel-Raumkörper, das auf Basis der Abbildungen in *Versuchshaus des Bauhauses* erstellt worden war.[192]

---

191 Ein Prinzip, das Gropius dann auch selbst bekräftigt: Walter Gropius: *Wohnhaus-Industrie*. In: Meyer [1925], S. 5ff. und Walter Gropius: *der große baukasten*. In: *Das neue Frankfurt*. 1 (1926), Nr. 2, S. 25ff.

192 Ein solches Modell der HAB Weimar war in der Ausstellung Bauhaus 1919–1933 vom 25.6.–21.8.1988 im Kunstgewerbemuseum Zürich ausgestellt. S. Ausstellungskatalog, S. 122,

Internationale Architektur

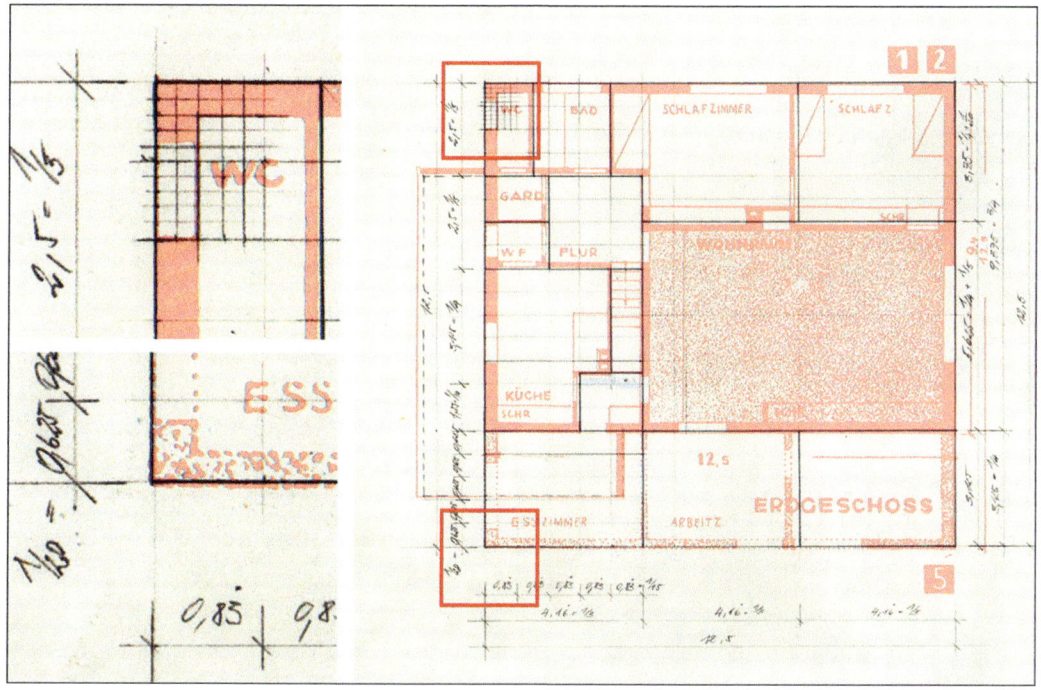

Auf dieser Materialgrundlage und mit dem publizierten Material wurde 1992 an der TU Wien im Rahmen einer Studienarbeit von Barbara Kübler[193] eine Rekonstruktion der Maße durchgeführt, um ein Modell des Serienhauses herstellen zu können.

Kübler ging bei ihrer Rekonstruktion zunächst von den Grundrissen und den darin enthaltenen Maßangaben aus. Das Quadrat mit 12,5 × 12,5 m wird auf der einen Seite in vier, auf der anderen Seite in drei Teile in Felder von 4,166 zu 3,125 m geteilt, sodass sich bei weiterer Teilung schließlich ein Rechteckraster von 62,5 × 83,33 cm in der Proportion von 3:4 ergibt. 62,5 cm wäre mit ca. 25 Zoll ein heute noch übliches Maß für den Holzriegelbau. Das Maß 83,33 cm ist uns nicht so geläufig, und zudem ergeben sich

44 Baukasten im Großen. Analyse Barbara Kübler. Ausschnitt und Überlagerung mit dem Grundriss. TU Wien, Institut für Künstlerische Gestaltung (1992)

Kat.-Nr. 90. Nachdem ich das Modell 1988 im Museum für Gestaltung in Zürich gesehen hatte, regte ich an, einen Nachbau für die Sammlung der TU Wien zu erwerben, der erstaunlicherweise 1989 kurz vor dem Fall der Mauer eintraf.

193 LVA *Modellbau-Übungen*, O. Prof. Franz Lesák mit Univ.-Lekt. Karl Schwarz und Univ.-Lekt. Armin Strasser; Konzeption der Aufgabe und Betreuung der Rekonstruktion durch den Verfasser.

Spielarchitektur und Baukunst

bei den Raumkörpern noch Vierzigstel des Gesamtquadrates. Das sind 31,25 cm, was 12,5 Zoll entspricht. In weiterer Teilung entsteht ein Feinraster von 12,5 × 16,67 cm, aus dem dann die in den Grundrissen – erstaunlicherweise auch bei den Umfassungsmauern – unterschiedlichen Wandstärken entwickelt werden können. In der Höhenentwicklung wird das Rastermaß von 16,67 cm gefunden, womit sich in den Aufrissen an Längsseiten ein quadratisches Netz, an den Querseiten ein Rechtecknetz (3:4) ergibt.

So überzeugend es Kübler gelingt, auf diesen Liniennetzen das Serienhaus zu entwickeln, so viele Fragen würde eine solche Festlegung mit unterschiedlichen Modulen und Wandstärken (!) für die Normierung eines Serienhauses aufwerfen, wenn man sie ausschließlich unter pragmatisch-technischen Gesichtspunkten betrachtet. Vielleicht von solchen Überlegungen ausgehend bemerkt Winfried Nerdinger dazu nicht ohne Schärfe: „Während jedoch Le Corbusier bei seinen Citrohan-Häusern seit 1920 eine systematische Entwicklung von konstruktiven und ästhetischen Standards verfolgte, finden sich bei Gropius keinerlei konstruktive Überlegungen, er spielte wirklich nur wie bei einem Anker-Baukasten mit Klötzchen, mit Typenformen, die unterschiedlich gruppiert wurden."[194]

Denn um ein Haus aus präfabrizierten Teilen oder auch nur in Trockenbauweise zu errichten, würde man möglichst immer die gleichen Elemente für alle Wände verwenden wollen, so wie es Gropius dann fünf Jahre später in Stuttgart realisierte: Auf einem quadratischen Raster ordnete er Z-Profile an,[195] auf die innen Lignat- und außen Eternittafeln montiert wurden.[196] Es liegt daher nahe, dass auch noch andere Ideen jenseits von Präfabrikation eine Rolle spielten.

Betrachtet man die von Nerdinger pejorativ als „Klötzchen"[197] bezeichneten Raumkörper, fällt auf, dass ihre Formen nichts mit Bausteinen zu tun haben, da sie zum Teil komplexer sind als die mancher Kombinationen: Raumkörper 1 mit seiner Abstufung, 2 und 3 mit ihren jeweils unterschiedlich proportionierten Winkeln und im Gegensatz dazu die bündige Gesamtform der Kombinationen 1, 2, 3 oder – in der Isometrie nicht dargestellt – 1, 2, 3, 5, 6. Die Abstufung am Raumkörper 1 hat ihren Ursprung offenbar in der Gangzone, die die einläufige und im Übrigen viel zu kurz erscheinende Treppe im Obergeschoss benötigt. Darüber hinaus ist offensichtlich, dass, wie oben erwähnt, jede Kombination die Raumkörper 1 und 2 benötigt, um ein funktionstüchtiges Wohnhaus zu ergeben. Die Teilung zwischen 1 und 2 schafft so keine zusätzliche Variabilität. Bei dieser Kombination (1 und 2) macht der ebenerdige

---

194 Nerdinger (1987), S. 47.
195 BHA 6.062-3 und 6.062-4.
196 S. auch Nerdinger (1985), S. 90.
197 Nerdinger (1987), S. 47.

Internationale Architektur

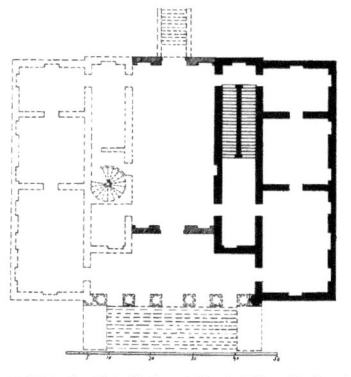

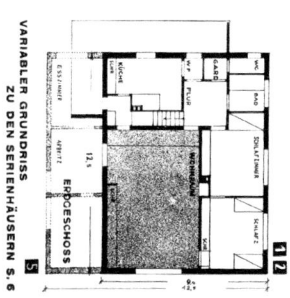

2 A. Palladio, Grundriß der Villa Sarego in Miega (nach Plan und Ausführung).

Vorsprung bei 1 noch immer keinen Sinn. Es hat daher den Anschein, dass hier von der Kombination 1, 2, 3 ausgegangen wurde, die einen geschlossenen kubischen Baukörper darstellt, der in drei Körper unterteilt wurde. Dann würde es sich nicht um ein additives System, sondern um ein subtrahierendes Gestalten handeln. Fügt man noch die Körper 5 und 6 hinzu, erhält man einen ähnlich palladianisch anmutenden Grundriss[198] wie beim Versuchshaus von Muche.

Eine solche Sicht des Grundrisses scheint die Vorstellung eines mit Klötzchen hantierenden Architekten zu widerlegen. Der Typus findet sich dabei nicht in den Formen der Einzelraumkörper, sondern in der Gesamtdisposition des Grundrisses, einer dreiseitig von Nebenräumen umgebenen, zentralen doppelgeschossigen Wohnhalle, ein Schema, das Rudolf Wittkower später in seiner Analyse der Palladio-Villen so anschaulich als Entwurfsprinzip darstellt.[199]

Schon die von Gropius im Atelier Behrens bearbeiteten Häuser Cuno und Schröder sollen mit ihrer palladianischen Strenge große Beachtung gefunden haben.[200] 1909, zu der Zeit, als Gropius für Behrens am Haus Cuno arbeitet, erscheint *Die Villen des*

45 Andrea Palladio: Villa Sarego. Aus: Fritz Burger: *Die Villen des Andrea Palladio*. Leipzig: Klinkhardt & Biermann (1909), Taf. 41

Walter Gropius/Fred Forbat: Wabenbau 1922. Aus: Winfried Nerdinger: *Walter Gropius* (1985), S. 59

Walter Gropius: Baukasten im Großen (1922). Aus: *Ein Versuchshaus des Bauhauses* (1925), S. 9

---

198 Jaeggi (1994), S. 163 und Anm. 289.
199 Rudolf Wittkower: *Grundlagen der Architektur im Zeitalter des Humanismus*. München: dtv (1983), S. 62.
200 Windsor (1985), S. 108ff.

Spielarchitektur und Baukunst

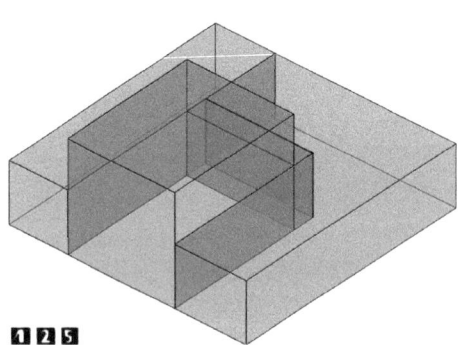
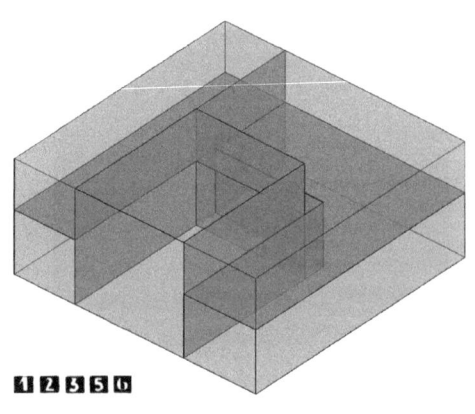

46 Raumkörperkombinationen 1, 2, 3, 5, 6 und 1, 2, 5 nach Gropius: Baukasten im Großen. CAD-Rekonstruktion des Autors

Gerhard Marcks: Bauhaus-Postkarte (1923). Aus: Gerd Fleischmann (Hg.): *bauhaus drucksachen, typographie, reklame* (1984), S. 66, Abb. 6

Karl Friedrich Schinkel: Neuer Pavillon Schloss Charlottenburg 1825–1830. Aus: Paul Ortwin Rave: *Karl Friedrich Schinkel.* Bearbeitet von Eva Börsch-Supan. München: Deutscher Kunstverlag (1981), Taf. 42

Internationale Architektur

Andrea Palladio von Fritz Burger.[201] Ein eigener Exkurs ist hier der Rekonstruktion der ‚ersten Fassung' der Villa Rotonda gewidmet, für die Josef Durm die Perspektive zeichnete. Burger führt hier die Satteldächer der Giebel bis zu einem quadratischen Kern zurück, der den Hauptraum mit Kuppel enthält. Einen kleinen Kunstgriff bilden die Unterzüge, die auch die den Zentralraum umgebende Grundrisszone in Giebelbereiche und Türme gliedern und so in eine zentralsymmetrische Ordnung bringen. Dadurch wird das Gebäude als eine Addition von Baukörpern interpretiert.

Da Architekten tendenziell optisch veranlagte „Raubtiere"[202] sind, darf hier noch – allerdings bewusst spekulativ – auf die Villa Annibale Saregos in Miega hingewiesen werden. Das Gebäude wurde nie fertiggestellt, und es war damals noch das Fragment erhalten, das in den 1920er-Jahren abgetragen worden sein soll. Bei Burger werden die projektierte Ansicht, das Fragment als Foto und der Grundriss gezeigt, der die errichteten, eingestürzten und nicht ausgeführten Bereiche differenziert.[203] Die Darstellung ähnelt grafisch so stark dem Grundriss zum Wabenbau, aus dem der Baukasten im Großen entwickelt wurde, dass man geneigt ist, sich vorzustellen, Gropius hätte in seinem Projekt das *non finito* der Villa Sarego zum Prinzip erhoben.

Wollte man die These, dass hier klassische Architektur dekonstruiert wird, weiterverfolgen, dann könnte man anmerken, dass Gropius nur fünf von sieben Kombinationen von Raumkörpern zeigt, zwei bleibt er schuldig. Warum gerade diese? Rekonstruiert man auch diese Ansichten, erhält man mit der Raumkörperkombination 1, 2, 5 einen Baukörper, der dem ausgeführten Entwurf Muches für die Bauhausausstellung 1923 vielleicht zu ähnlich war, denn diesem war Gropius' Entwurf in der internen Abstimmung ja unterlegen: Von ihm galt es sich eventuell abzugrenzen, war das Versuchshaus doch das dominante Ausstellungsobjekt, wie auch eine Werbepostkarte von Gerhard Marcks verdeutlicht. Die zweite von Gropius nicht dargestellte Kombination 1, 2, 3, 5, 6 bildet einen geschlossenen Baukörper im Sinne einer neoklassischen Architektur, der – so die These hier – nicht Ziel, sondern Ausgangspunkt des Entwurfes war. Würde man auch im Grundriss Schinkels Neuen Pavillon im Schloss Charlottenburg maßstabsgerecht überlagern, ergeben sich doch einige Übereinstimmungen.[204]

---

201 Fritz Burger: *Die Villen des Andrea Palladio*. Leipzig: Klinkhardt & Biermann (1909), S. 53ff. und Titelblatt.
202 Vgl. André Corboz: *Le Corbusier als Raubtier*. In: Franz Oswald/Werner Oechslin (Hg.): *Le Corbusier im Brennpunkt*. Zürich: Verlag der Fachvereine an den schweizerischen Hochschulen und Techniken (1988), S. 8ff.
203 Burger (1909), Taf. 41.
204 Paul Ortwin Rave weist allerdings darauf hin, dass Schinkels Grundriss nicht quadratisch ist. S. Paul Ortwin Rave: *Karl Friedrich Schinkel*. Bearbeitet von Eva Börsch-Supan. München: Deutscher Kunstverlag (1981), S. 68. Die Seite mit den eingestellten Säulen ist um ca. 1/15 breiter: Der Baukörper weist im Grundriss also eine Proportion von 15:16 auf.

Spielarchitektur und Baukunst

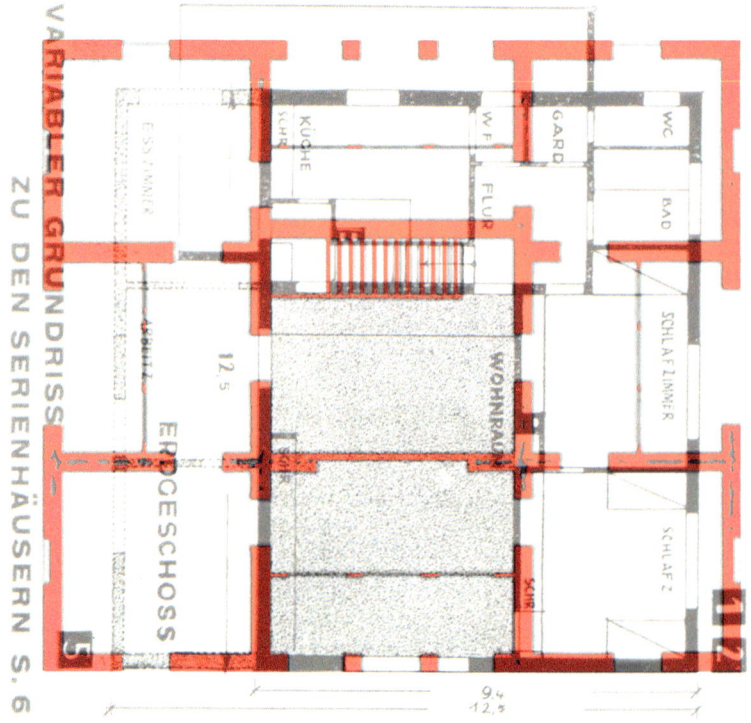

47 Walter Gropius: Baukasten im Großen (1922). Aus: *Bauhausbücher 3*

Grundriss überlagert mit Karl Friedrich Schinkel: Neuer Pavillon Schloss Charlottenburg, 1825–1830

Es stellt sich aber die Frage: Was ist ein Raumkörper, und woher kommt der Begriff?

Berlage erwähnt in seiner Publikation von 1908 den Unterricht von Lauweriks an der Kunstgewerbeschule Düsseldorf,[205] da dort die auch von ihm propagierte Verwendung von geometrischen Ordnungssystemen im Architekturentwurf gelehrt werde. Er bildet, wie oben bereits erwähnt, eine Studienarbeit von Adolf Meyer ab, dem späteren Büropartner von Walter Gropius.[206] Meyer war ab 1920/21, zunächst gemeinsam mit Gropius, für den Unterricht im Werkzeichnen am Bauhaus zuständig,[207] von dem sich Studienblätter von Vincent Weber erhalten[208] haben. Eines davon zeigt Quadratur und Triangulation, die genau jener oben erwähnten Illustration aus Berlages Werk entsprechen,[209] in die Bruno Taut den Aufriss seines Monuments

---

205 Berlage (1908), S. 57f.
206 Berlage (1908), S. 56.
207 S. Jaeggi (1994), S. 119ff.
208 Jaeggi (1994), S. 120.
209 Berlage (1908), S. 26.

des Eisens eingezeichnet hatte.[210] Nun darf man davon ausgehen, dass Meyer die Publikation kannte, in der seine Studienarbeit von einem so prominenten Autor wie Berlage abgebildet wurde. Andererseits ist auch anzumerken, dass das Bauhaus das Werk des Alhard von Drach, dem Berlage diese Illustration entnommen hatte, für die Fachgruppe „Mythologie, Ikonografie, Symbolik" der Bibliothek angekauft hatte.[211] Diese Tatsache lässt möglicherweise auf eine weniger pragmatische Einschätzung der in diesem Werk dargestellten Proportionsregeln schließen, als sie Berlage propagiert hatte,[212] sondern verweist eher auf den theosophischen Symbolismus eines Lauweriks.[213] Jaeggi berichtet, dass sich Meyer in seinem Unterricht an August von Thierschs einflussreichem Beitrag zu Josef Durms *Handbuch der Architektur: Die Proportionen in der Architektur* orientierte, den auch schon sein Lehrer Lauweriks rezipiert hatte.[214] Dieses Werk ist nicht als Anschaffung der Weimarer Bauhaus-Bibliothek nachgewiesen,[215] aber Gropius soll jedenfalls ein Exemplar besessen haben.[216] Er hatte 1903 für einige Monate das Studium der Architektur an der Technischen Hochschule in München aufgenommen, wo unter anderem August Thiersch unterrichtete.[217]

Thierschs Beitrag ließ, so zeigte Werner Oechslin, auch Le Corbusier nicht unbeeindruckt und regte ihn zu seinen „tracés régulateurs" an.[218] Diese hatte er wiederum zunächst 1921 in der Februarnummer von *L´Esprit nouveau* und 1922 in *Vers une architecture* veröffentlicht. Gropius dürfte mit ziemlicher Sicherheit auch diese

---

210 Rehm (2013).
211 Michael Siebenbrodt/Frank Simon-Ritz: *Die Bauhaus-Bibliothek. Versuch einer Rekonstruktion.* Weimar: Bauhaus-Universität (2009), S. 153.
212 S. Berlage (1908), zum Beispiel S. 54f.: „Aber als Mittel und auch nur als Mittel, was ich noch einmal betonen möchte [...]" sowie Jaeggi (1994), S. 121f.
213 S. Gerda Breuer: *Gedankengebäude – Kosmomorphe Bausteine zu einer künstlerischen Kultur*: In: *Maßsystem und Raumkunst. Das Werk des Architekten, Pädagogen und Raumgestalters J. L. M. Lauweriks*. Ausst.-Kat. Kaiser Wilhelm Museum, Krefeld, Karl Ernst Osthaus Museum, Hagen, Museum Boymans van Beuningen, Rotterdam (1987), S. 15ff. sowie in demselben Band auch Zoon (1987), S. 35.
214 Jaeggi (1994), S. 120.
215 S. Siebenbrodt/Simon-Ritz (2009), S. 128ff.
216 Nach Isaacs (1983), S. 442, Anm. 36 hat Gropius offenbar ein Exemplar in der Auflage von 1904 besessen; im Folgenden hier nach: August Thiersch: *Die Proportionen in der Architektur*. In: Josef Durm et al. (Hg.): *Handbuch der Architektur*. Vierter Teil, 1. Halbband; Darmstadt: Bergsträsser (1893), S. 38ff.
217 Isaacs (1983), S. 56.
218 S. Werner Oechslin: *Le Corbusier und Deutschland 1910/1911*. In: Franz Oswald/Werner Oechslin (Hg.): *Le Corbusier im Brennpunkt*. Verlag der Fachvereine an den schweizerischen Hochschulen und Techniken (1988) S. 28ff.; Christof Kübler: *Tracés Régulateurs*. In: Moos (1987), S. 179, dort auch Nerdinger (1987), S. 45 und Kries (2008), S. 81.

Spielarchitektur und Baukunst

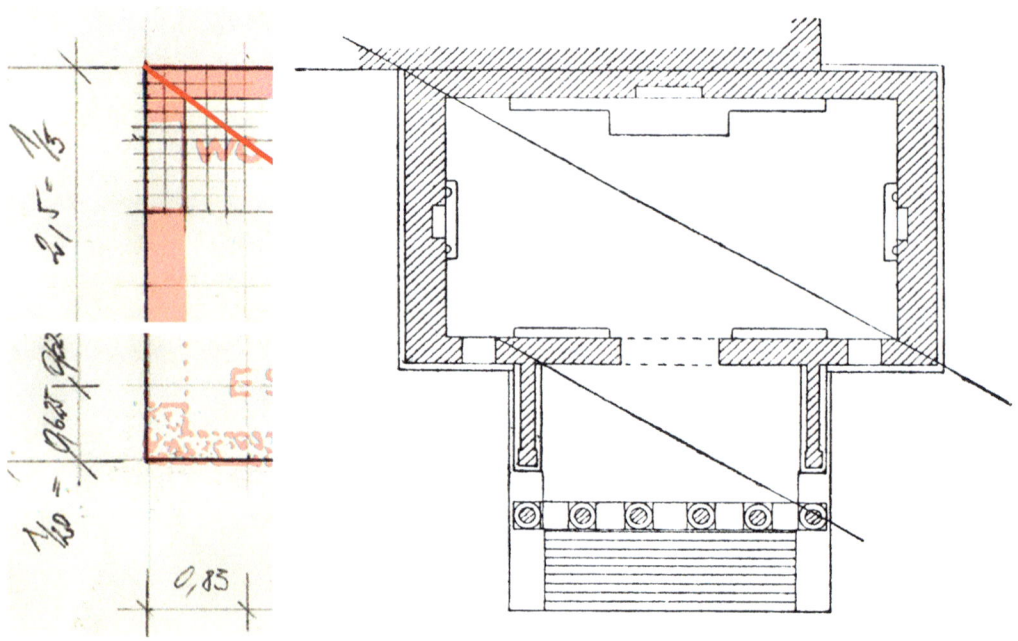

48 Baukasten im Großen: Analyse Barbara Kübler, TU Wien 1992, Ausschnitte

Tempel der Concordia. Aus: August Thiersch: *Die Proportionen in der Architektur.* In: *Handbuch der Architektur.* Vierter Teil, 1. Halbband: *Die architektonische Komposition* (1883), S. 56

beiden Publikationen gekannt haben[219] und von ihnen beeinflusst[220] worden sein. Und doch kann man anmerken, dass beide aus der gleichen Literatur verschiedene Schlüsse zu ziehen scheinen:

Thiersch ging bei seinen Analysen von ähnlichen Rechtecken aus, die in seinen Zeichnungen durch parallele oder übereinstimmende Diagonalen kenntlich gemacht werden und als Relation auch in den für die Proportionslehre scheinbar so problematischen Schrägansichten ‚erkennbar' bleiben. Diese analogen Figuren werden nicht nur in den Aufrissen, sondern auch in den Grundrissen nachgewiesen. Thiersch findet diese ähnlichen Proportionen an den einzelnen Grundrissen der Räume eines Gebäudes und auch als Analogie zwischen Baukörper und Innenraum. Er illustriert das mit dem Grundriss des Tempels der Concordia in Rom, wo Pronaos und Cella die gleiche Proportion im Grundriss haben, die durch die unterschiedlichen Stärken der Außenwand auch auf den Umriss des Gebäudes übertragen werden können.

219 S. Gropius in Isaacs (1983), S. 299 sowie Nerdinger (1987), S. 46, insbesondere Anm. 14.
220 Nerdinger (1985), S. 15 und Nerdinger (1987), S. 46.

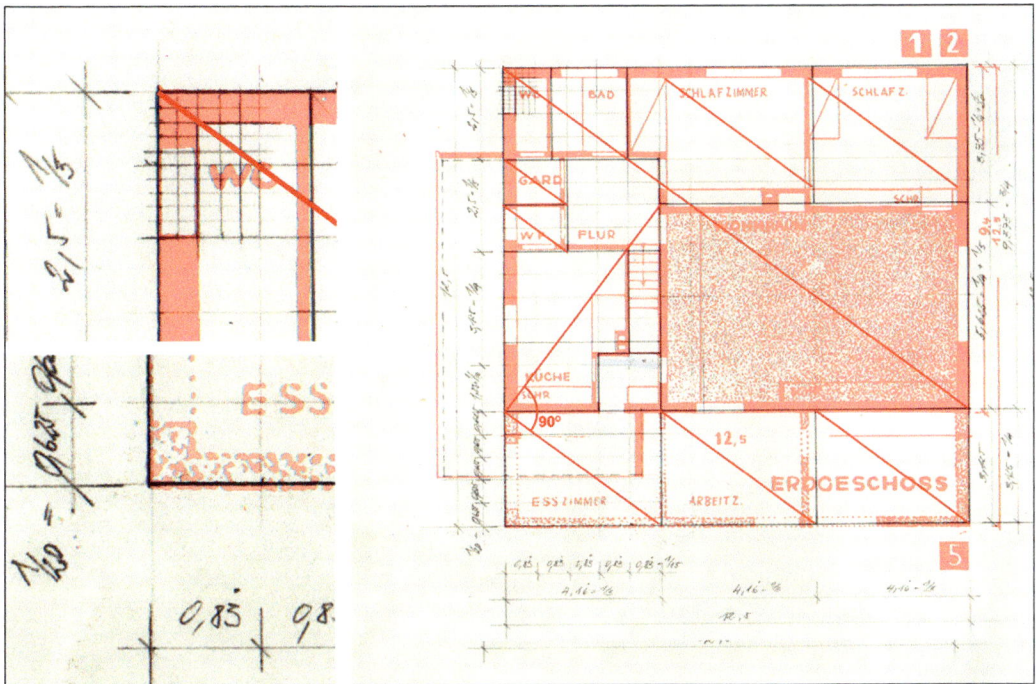

49 Baukasten im Großen. Analyse Barbara Kübler 1992. Überlagerung Grundriss und Ausschnitt

TU Wien, Institut für Künstlerische Gestaltung; grafische Eintragungen vom Verfasser

Am Grundriss des Erdgeschosses zu Baukasten im Großen ist in diesem Zusammenhang bemerkenswert, dass die quadratische Gesamtform des Grundrisses durch Punktierung nur als Erweiterung der Elemente 1 und 2 durch 5 dargestellt ist, womit das Rechteck (Raumkörper 1+2) zur dominierenden Figur wird. Durch die Kotierung ist die quadratische Gesamtform mit 12,5 × 12,5 m und das Rechteck mit 9,4 × 12,5 m angegeben, sodass bei Letzterem die Proportion von 3:4 vorliegt. Zieht man in diesem Rechteck in Analogie zu Thierschs Analysen die Diagonale, dann schneidet diese den Grundriss in signifikanten Punkten, nämlich an den inneren und äußeren Begrenzungen des Wohnraumes. Setzt man diese Methode für die Schlafräume fort, dann scheint das Grundrissschema für das Serienhaus weitgehend entwickelt.

In der Isometrie der ‚blinden' Raumkörper sind 5 und 6 gleich breit dargestellt wie die gegenüberliegenden Schenkel der Winkel 3 und 4. Geht man daraufhin von der äußeren Begrenzung von Raumkörper 1 aus, dann könnte man sich die Erarbeitung des Grundrisses so vorstellen:

Das Grundrissquadrat wird, wie in der Analyse von Barbara Kübler dargestellt, zunächst in vier Streifen geteilt, von denen zwei für den symmetrisch angeordneten

Spielarchitektur und Baukunst

Wohnraum reserviert werden und ein Streifen zunächst als Erweiterungszone beiseitegelassen wird.

Für den weiteren Entwurf der Ausgangsform 1, 2, 3 verbleibt so ein Grundrissrechteck, das in drei gleich breite, parallel zur längeren Seite verlaufende Streifen unterteilt ist. Der Schnittpunkt eines Streifens mit der oben erwähnten Diagonale ergibt die ‚äußere' Begrenzung des Wohnraumes. Die einläufige Treppe liegt genau quer in der Symmetrieachse des Gesamtquadrates und des Wohnraumes. In der Folge wird von diesem die Schrankwand – eine Inkunabel der modernen Einrichtung[221] – abgezweigt, die sich in der Hängezone der Garderobe fortsetzt. Die nunmehr asymmetrische Lage des Fensters im Innenraum, das mittig im äußeren Gesamtquadrat platziert ist, wird behelfsmäßig durch eine zweite gegenüberliegende Schrankwand ausgeglichen, die ihre Fortsetzung in einem unbestimmten Möbel, in der kleinen Anrichte (?) und im Küchenschrank findet. Die Nebenräume Küche, Flur, Windfang, Bad, WC und Garderobe scheinen sich mehr in das Diktat der Umgrenzung einzufügen, als dass diese von ihnen geformt wird. Einzig Raumkörper 4 erweitert das Ausgangsgebäude 1, 2, 3 als – an drei Seiten bündige – Aufstockung.

Der bemerkenswerte Unterschied der äußeren Wandstärken fügt sich dabei ebenso in das Schema ein wie die den Wohnraum definierende Auskragung der Gangzone des Obergeschosses oder die Stärke der Schrankwand zu den Schlafräumen. So bestätigen sich offenbar die empirischen Untersuchungen der Studienarbeit von Barbara Kübler.

Während Le Corbusier in Thierschs Beitrag seine „Aufriß-Regler"[222] findet, sucht Gropius in demselben Text vermutlich die Übereinstimmung von Raum- und Körperform der Architektur. Letzteres ist ein anderer Gedanke als die Ordnung einer Grund- oder Aufrissgeometrie durch geometrische Regeln, wie sie zum Beispiel Lauweriks mit spekulativ-metaphysischem Hintergrund propagiert,[223] was daneben tatsächlich wie eine „unzeitgemäße Hexenküche"[224] wirkt. Man könnte solche ähnlichen Figuren auch schon im Grundriss des von Gropius für Behrens bearbeiteten Haus Cuno suchen. Behrens selbst soll ab 1905 Rasterfiguren als Gestaltungsschema verwendet haben.[225] Ein Versuch, den Grundriss nach den Maßangaben in der Mono-

---

221 Vgl. auch Behrens/de Fries (1918), S. 52f.
222 Le Corbusier: *Kommende Baukunst.* Berlin und Leipzig: DVA (1926), S. 49ff.
223 S. Zoon (1987).
224 Lauweriks 1904 in Zoon (1987), Abb. 32.
225 So Gustav Adolf Platz: *Die Baukunst der neuesten Zeit.* Berlin: Propyläen (1927), S. 149. Platz stellt sie hier Le Corbusiers Anwendung von Thierschs Proportionssystem in einem Bildvergleich gegenüber. S. hierzu: Oechslin (1988), S. 41 und Kurt Asche: *Peter Behrens und der Raster.* In: *Daidalos* 6 (1982), S. 85ff. Asche weist hier ausdrücklich auf die Rechteckform des Aufrissrasters (1,30 × 1,54 m) hin.

grafie Fritz Höbers [226] zu interpretieren, ergibt: Das Herrenzimmer ist ein Quadrat, das Damenzimmer ein Rechteck im Verhältnis 3:4, Wohnzimmer, Esszimmer, Küche sind Rechtecke mit der Seitenlänge 1 zu Wurzel 2, was dem Verhältnis einer Seite zur Diagonale des zugehörigen Quadrates entspricht. Man kann dazu die dekorative Mittelschließe des Schutzkorbes eines AEG-Tischventilators von Behrens (ab 1908) vergleichen, die wieder an Proportionsregeln anzuschließen scheint, wie sie Berlage in der hier schon mehrfach erwähnten Abbildung aus dem Werk Drachs publiziert hat: [227] zwei Quadrate im Verhältnis 1 zu Wurzel 2. Die Räume im Haus Cuno fügen sich jedoch nicht in ein übergeordnetes Schema ein, und unterschiedliche Wandstärken, die bei Thiersch eine Harmonisierung von Baukörper und Innenraum ermöglichen und sich in Gropius' Baukasten im Großen wiederfinden, scheinen bei den Entwürfen von Behrens keine Rolle zu spielen.

In jenem Band des *Handbuchs der Architektur*, den Gropius ja besessen haben soll, folgt gleich anschließend an Thierschs Beitrag *Proportionen in der Architektur* Heinrich Wagners Beitrag *Anlage des Gebäudes*.[228] Wagner geht zunächst vom Einzelraum aus, der nach funktionellen Erfordernissen proportioniert wird. Die Einzelräume werden dann addiert und an Erschließungsflächen gruppiert, sodass sich Trakte bilden, die dann wieder zu verschiedenen Gebäudeformen summiert werden können. Auf Seite 125 werden die Trakte dann als „Raumkörper" bezeichnet.[229] Eine Lehrmethode, die sich vielleicht bis Jean-Nicolas-Louis Durand zurückverfolgen lässt und dort schließlich in die Umkehrung, die Gliederung des Ganzen in entsprechende Teile, mündet.[230]

Eine Umkehrung der Methode fand sich auch ansatzweise in der Illustration von Josef Durm [231] in Burgers Palladio-Buch, wo die ‚erste Fassung' der Rotonda als Baukörperaddition dargestellt wurde. Bei Gropius ist die Umkehrung, wie oben schon angesprochen, dann viel konkreter, wenn er den palladianischen Villentypus durch Strukturierung in Einzel-Raumkörper analysiert, denn die Analyse erfolgt hier, wie die Entwurfsarbeit bei Wagner, auf Grundlage funktionaler Einheiten, was später im Terminus „Bauen als Gestaltung von Lebensvorgängen"[232] angesprochen wird. Be-

---

226 Höber (1913), S. 92, 94, Abb. 95, 97.
227 Berlage (1908), S. 26.
228 Heinrich Wagner: *Anlage des Gebäudes*. In: *Handbuch der Architektur. Vierter Teil, 1. Halbband: Die architektonische Komposition*. 3. Auflage (1904), S. 91ff.
229 So auch bereits in der ersten Auflage (1883), S. 109.
230 Vgl. J.-N.-L. Durand: *Abriß der Vorlesungen über Baukunst gehalten an der polytechnischen Schule zu Paris. Erster Band*. Karlsruhe/Freiburg: Werdersche Kunst- und Buchhandlung (1831), S. 52ff.
231 Durm war übrigens auch Herausgeber des *Handbuches der Architektur*.
232 Walter Gropius: *Der Architekt als Organisator der modernen Bauwirtschaft und seine Forderungen an die Industrie*. In: Fritz Block (Hg.): *Probleme des Bauens*. Potsdam: Müller & Kiepenheuer (1928), S. 206.

Spielarchitektur und Baukunst

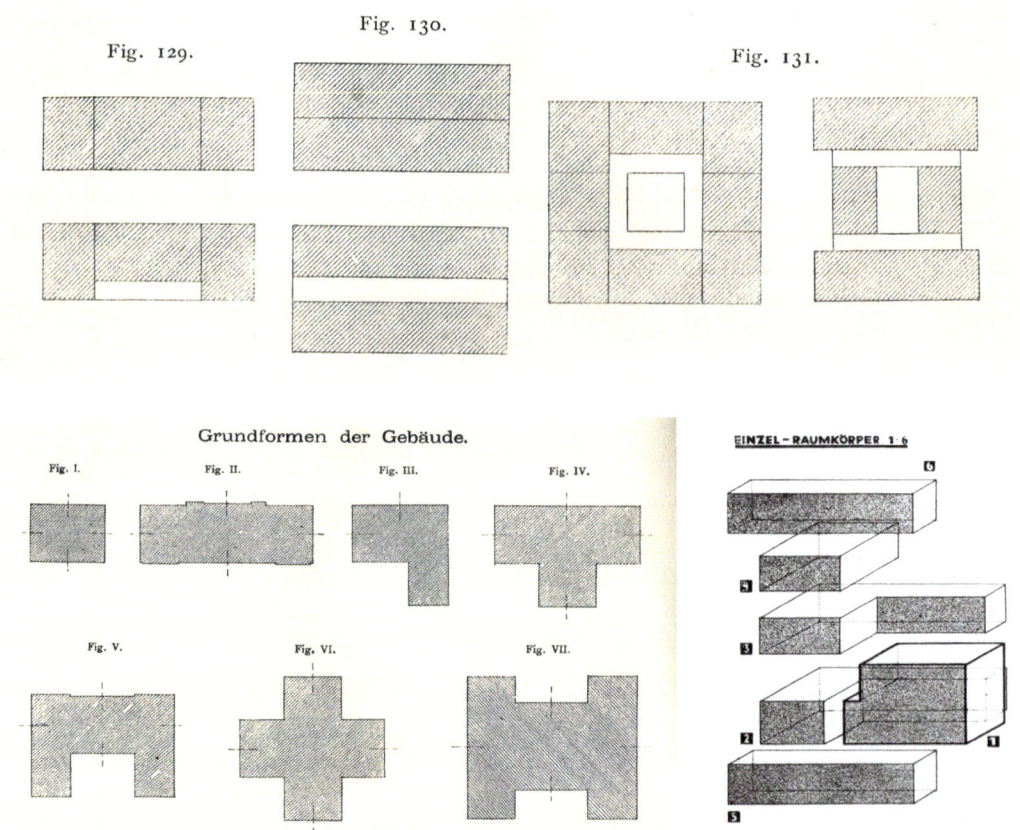

50 Heinrich Wagner: Grundrissbildung und Grundformen der Gebäude. Aus: *Handbuch der Architektur.* Vierter Teil, 1. Halbband (1883), S. 106f.

Gropius: Einzel-Raumkörper. Aus: Adolf Meyer: *Ein Versuchshaus des Bauhauses* (1925), S. 8

reiche werden dabei nach funktionalen Gesichtspunkten und Notwendigkeiten zusammengefasst und bei Bedarf weggelassen. Eine solche Sicht macht erst die Teilung der Körper 1 und 2 sinnvoll, indem sie die Minimaleinheit, auf deren Umriss auch die Diagonale nach Thiersch bezogen war und von der nicht weiter subtrahiert werden kann, ohne dass wesentliche Räume eines funktionierenden Wohnhauses verloren gehen würden, in Nutzungsbereiche gliedert.

Wenn man liest, wie rational Heinrich Wagner einen Grundriss entwickelt und wie folgerichtig sich Gropius' „Einzel-Raumkörper", die ganz ähnlich sind wie die Raumkörper bei Wagner, in die Architekturlehre des späten 19. Jahrhunderts einfügen, dann stellt sich die Frage, ob die Kluft zwischen der Architektur des späten 18. und der des frühen 20. Jahrhunderts, wie sie beispielsweise in dem schon erwähnten Werk Emil Kaufmanns zu einer zentralen These wurde, so überhaupt existiert hat.[233] Hier scheint Gropius jedenfalls dem Lehrbuch seiner Studienzeit zu folgen.

Der eigentümliche Begriff Raumkörper wird bei Wagner aber nur beiläufig verwendet und nicht präzisiert. Im selben Jahr, als Gropius seinen Baukasten im Großen entwirft, erscheint Albert Erich Brinckmanns *Plastik und Raum als Grundformen künstlerischer Gestaltung.*[234] Brinckmann war ein Schüler Heinrich Wölfflins, und wie dieser operiert er mit antagonistischen Begriffen zur Betrachtung der Architektur. Er scheint sich hier an das 1914 erschienene und schon eingangs erwähnte Werk eines anderen Wölfflin-Schülers etwas anzulehnen, nämlich an Paul Frankls *Die Entwicklungsphasen der neueren Baukunst*, wo in den ersten beiden Kapiteln die Geschichte der Architektur seit der Renaissance als Entwicklung der Raumform und Entwicklung der Körperform behandelt wird. Anders als bei Frankl wird bei Brinckmann mehrmals der Begriff Raumkörper verwendet, und man könnte meinen, dass das auch hier – wie es bei Gropius' Grundriss die Lektüre Thierschs nahelegt – ein Zwitter aus Körper und Raum wäre, würde diesem Begriff hier nicht auf Seite 37 unvermittelt der Begriff „Plastikkörper" entgegengesetzt. Auf Seite 52 heißt es dann über die Architektur des Hochbarock: „In der Baukunst durchdringen Plastikkörper und Raumkörper einander."

Eine Definition findet man bei Brinckmann aber an anderer Stelle, nämlich in *Die Baukunst des 17. und 18. Jahrhunderts*:

„Bevor wir in die Untersuchung der Bauwerke eintreten, möchten wir kurz einen in unseren Darlegungen vielfach wiederkehrenden Ausdruck erklären. Die Baukunst gestaltet Räume und plastische Massen. Der Raum findet im Gegensatz zur Plastik seine Begrenzung dort, wo er an die plastische Masse stößt. Er wird von

---

233 Denkt man an die zahlreichen religiösen und sozialutopischen Schwärmereien der frühen Moderne, könnte daran auch die Frage anschließen, ob der Stilarchitektur nicht eine sachlichere, fast nihilistische Haltung zugrunde liegt. Denn die *Stylarten* wurden, basierend auf der Befundaufnahme historischer Bauten, kanonisiert verfügbar gemacht, zunächst ohne eine hierarchische Reihung, also unter Zugrundelegung einer Beliebigkeit, die sozusagen entfremdet neben der Architekturgeschichte stand, wohingegen die Moderne in sie zurückzukehren versuchte. In Hermann Finsterlins „Stilspiel" wird die Stilarchitektur dann ad absurdum geführt. S. Finsterlin (2000) und auch Peter Hanousek: *Die Genesis der Weltarchitektur oder die Deszendenz der Dome als Stilspiel. – Ein Lehr- und Versuchsbaukasten von Hermann Finsterlin. Eine Analyse und Rekonstruktion.* Dipl.-Arbeit TU Wien 1992.
234 A. E. Brinckmann: *Plastik und Raum als Grundformen künstlerischer Gestaltung.* München: Piper (1922).

innen aufgenommen. Dagegen findet jene ihre Begrenzung durch den umgebenden Luftraum. Sie wird von außen aufgenommen. Hierauf beruht die Gegensätzlichkeit von Raum und Plastik: Wachsen oder Abnahme des einen vermindert oder vermehrt die andere. Gemeinsam ist beiden Volumen oder Körperlichkeit – worin wir der naturwissenschaftlichen Begriffsbestimmung folgen – sodass sowohl von einem Raumkörper wie von einem plastischen Körper gesprochen werden kann. Auf dieser Gemeinsamkeit beruhen die Beziehungen von Raum und Plastik im architektonischen Schaffen, sie können sich gegenseitig modellieren."[235]

Obwohl sich der Begriff bereits in der ersten Auflage des *Handbuchs der Architektur* findet, gelang es hier, eine Definition des Begriffs in der Kunstwissenschaft nur bis zu Adolf von Hildebrand zurückzuverfolgen. In der Ausgabe von 1901 heißt es:

„Wenn nun die Begrenzung oder Form des Gegenstandes auf sein Volumen hinweist, so ist es auch möglich, durch die Zusammenstellung von Gegenständen, die Vorstellung eines durch sie begrenzten Luftvolumens zu erwecken. Denn im Grunde ist die Begrenzung des Gegenstandes auch eine Begrenzung des ihn umgebenden Luftkörpers. […] So tritt das, was beim Einzelkörper als Modellierung für's Auge geschieht, auch wieder durch die Einzelkörper für's Ganze in Kraft. Dadurch wird das Ganze ein ebenso zusammenhängender modellierter Raumkörper, wie der Einzelkörper an sich."[236]

Die Entstehung dieses sehr einflussreichen Textes geht bekanntermaßen auf das Jahr 1887 zurück, als Konrad Fiedler Hildebrand vorschlägt, gemeinsam einen Nachruf auf Hans von Marées zu verfassen. Hildebrand stellt seinen Beitrag in der ersten Fassung 1889 fertig, und daraus entwickelt sich 1890 die erste selbstständige Fassung von *Das Problem der Form*. In dieser Fassung von 1890 findet sich auch schon der Begriff Raumkörper. Zentrales Problem ist die Wahrnehmung der dreidimensionalen Form, die nun nicht mehr wie in der Renaissance als statisches Bild auf einer von Sehstrahlen durchdrungenen Ebene, sondern als dynamischer Prozess eines sich bewegenden und gewissermaßen die Objekte abtastenden Auges gesehen wird. Hildebrand sieht die Fülle von Einzeleindrücken als dem künstlerischen Werk abträglich, ein Problem, das in der Vorstellung eines Fernbildes gelöst werden soll, wo weder Mehransichtigkeit noch Disparationsperspektive eine Rolle spielen. Die Plastik soll daher im Sinne einer einansichtigen Reliefperspektive gestaltet werden,

---

235 A. E. Brinckmann: *Die Baukunst des 17. und 18. Jahrhunderts*. Berlin: Athenaion (1919), S. 1f.
236 Adolf von Hildebrand: *Das Problem der Form*. Straßburg: Heitz & Mündel (1901), S. 45f.

wofür die Form als „Wirkungsform" so angepasst werden muss, dass sie dem Betrachter aus einer Hauptansicht die richtige „Daseinsform" vermittelt. Form wird auf die Wahrnehmung bezogen zu einem zentralen Problem, was beispielsweise auch die vermutlich erste moderne und für alle bildenden Künste universelle Gestaltungslehre, Hans Cornelius' *Elementargesetze der Bildenden Kunst*[237] hervorbringt.

Ein Relief kennt als Gestaltung gestaffelter Flächen wie ein Bild die Unterscheidung von Figur und Grund, die hier offenbar in den Raum übertragen wird. In der Einleitung der Fassung von Hildebrands *Problem der Form* von 1890 heißt es:

„Ich setzte da Räumliches und Plastisches als gleichartiges, indem ich das Räumliche und das Plastische das sich nach drei Dimensionen Ausdehnende und Vorgestellte nenne, Volumenvorstellung schlechtweg, wobei es gleichgültig, ob ich von einem Hohlraum (also von innen) oder von einem Körper (von außen) spreche. Präzisiert sich das Volumen durch bestimmte Begrenzung, so stellt es eine plastische Form dar."[238]

1923 beschreibt Gropius den künstlerischen Prozess ganz ähnlich: Im ersten Schritt „erfindet der Mensch durch seine Intuition [...] den *stofflosen Raum* des Scheins und der inneren Schauung", indem „Gesetze, Maße und Zahlen" durch „Farben, Formen, Töne" „versinnlicht" werden. „Das Hirn erdenkt" in der darauffolgenden Phase „durch das Mittel der Zeichnung" „den mathematischen Raum". „Durch das Können des Handwerks" meistert die „Hand" „mit Hilfe von Werkzeug und Maschine" „den tastbaren stofflichen Raum". So schafft der „schöpferische Vorgang" den „bewegten lebendigen künstlerischen Raum", in dem „alle Gesetze der realen, der geistigen und der seelischen Welt eine gleichzeitige Lösung" finden.[239] Was Gropius hier beschreibt, könnte man als Folge von Modellbildungen mit unterschiedlichen Abbildungsvorbereichen ansprechen, die zunächst im „stofflosen" und dann „mathematischen Raum" eine rein strukturelle Angleichung verwendet und sich zur Verwirklichung im „tastbaren stofflichen Raum" hinarbeitet, in dem dann alle materialen Attribute Geltung haben müssen. Auch in der Anwendung von Thierschs Proportionslehre scheint Gropius ja die Einheit zwischen Körperform und Raumform – mit Hildebrand könnte man sagen: „Volumensvorstellung schlichtweg" – gesucht zu haben. Die Vorstellung, Körper, Flächen und Linien letztlich als immateriellen

---

237 Hans Cornelius: *Elementargesetze der bildenden Kunst*. Leipzig/Berlin: Teubner (1908).
238 Henning Bock (Bearb): Adolf von Hildebrand. *Gesammelte Schriften zur Kunst*. Opladen: Westdeutscher Verlag (1988), S. 94.
239 Walter Gropius: *Idee und Aufbau des staatlichen Bauhauses Weimar* (1923). In: Charles Harrison/Paul Wood (Hg.): *Kunsttheorie im 20. Jahrhundert*. Ostfildern-Ruit: Hatje (1998), S. 405.

Spielarchitektur und Baukunst

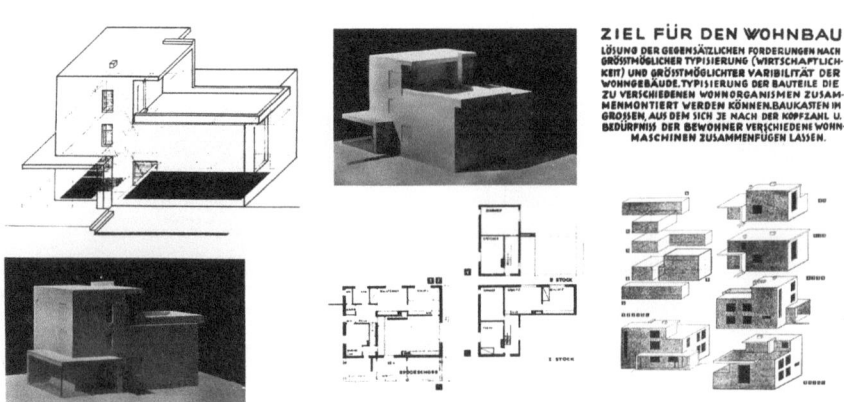

51 Schautafel (1923). Bauhausarchiv Berlin Inv.-Nr. 6471/1 (oben: Baukasten im Großen, unten: Serienhaus)

Ausgangspunkt der Gestaltung zu sehen, findet sich aber auch im Bauhausunterricht von Paul Klee[240] und Wassily Kandinsky, wo diese als Bewegungsspuren eines Punktes, Letzterer „als ein unmaterielles Wesen definiert"[241], aufgefasst werden.[242]

---

240 Paul Klee: *Das bildnerische Denken.* Basel/Stuttgart: Schwabe (1971), S. 19ff. und S. 24.
241 Wassily Kandinsky: *Punkt und Linie zu Fläche.* Bern: Benteli (1973), S. 21.
242 Bei El Lissitzky wird das mechanisch-fotografisch vorgeführt: El Lissitzky: *K. und Pangeometrie.* In: Carl Einstein/Paul Westheim: *Europa-Almanach.* Potsdam: Kiepenheuer [1925], S. 103ff. und Abb. S. 112f., wo es heißt:

Internationale Architektur

Die Textstellen aus Gropius' *Idee und Aufbau des staatlichen Bauhauses Weimar* führen zur Bauhausausstellung von 1923 zurück. Sigfried Giedion besuchte die Ausstellung und verfasste einen Bericht für *Das Werk*. Giedion bemerkt zunächst: „Im vergangenen Jahrzehnt hingen alle Künste [...] von der Malerei ab"[243] und erwähnt als Positives, dass auch am Bauhaus die Maler dominieren. Mit dem Grundriss des Hauses am Horn ist er aber andererseits nicht ganz so glücklich: „Ob der Grundriss viel Nachahmung finden wird – er stammt von einem Maler – scheint uns fraglich, denn der größte Raum wird fast ganz ins Innere gedrängt – mit Oberlicht – und die übrigen umgeben ihn wabenförmig."[244] Obwohl in diesem Fall der Maler seiner Ansicht nach offenbar weniger erfolgreich gewesen war, sieht er den Kubismus trotzdem als tonangebend: „Die Gestaltungsmittel entstammen wieder der kubistischen Phantasie: der Bau wird aus dem Kristall geboren, aus dem Körper, aus einer Summe von Kristallen, nicht aus dem Raum aus der Aushöhlung, wie es etwa im Barock geschah."[245]

1920 erscheint die erste Zusammenfassung über die Entwicklung des Kubismus: Daniel Henry (Kahnweilers) *Der Weg zum Kubismus*, ein Werk, das von der Bauhausbibliothek angeschafft wurde.[246] Im Inhaltsverzeichnis sehen wir erstaunlicherweise, dass der Titel des Kapitels, in dem die Frage nach der Raumdarstellung gestellt wird, Hildebrand – eventuell unbewusst – zitiert: „III. der Kubismus. Erstes Stadium: Das Problem der Form. Picasso und Braque". Was aber hat ein scheinbar konservativer Klassizist mit dem Kubismus gemein?

„daß eine glühende Kohle bei der Bewegung den Eindruck einer leuchtenden Linie hinterläßt, die Bewegung der materiellen Linie den Eindruck einer Fläche und eines Körpers hervorruft". Seine Vorstellung von einer „amateriellen Materialität" illustriert er durch imaginäre Rotationsformen. Vgl. Gerhard Vana: *... runder als das O des Giotto*. In: Elke Krasny: *Architektur beginnt im Kopf. The Making of Architecture*. Basel/Boston/Berlin: Birkhäuser (2008), S. 144ff.
Siehe aber auch: Albert Gleizes: *Kubismus* (Faksimile-Nachdruck der Ausgabe von 1928). Mainz: Kupferberg (1980). Das Buch erschien als 13. Band in der Reihe *Bauhausbücher*, S. 85 und 89: „Das Individuum ist gleichzeitig der Wille der Zahl und das Vermögen der Geometrie. Gewissermaßen also das Äquivalent des Punktes. Richtung und Lageveränderungen werden real durch die einfache Tatsache seiner Fortbewegung. Diese erste gestalterische Kundgebung ist der Tanz. [...] Die heilige Bewegung des Anfangs, der Tanz, vollendet sich in einer heiligen formalen Komposition, der Architektur [...]."
Die Vorstellung, Form auf Funktionsgraphen zurückzuführen, findet sich aber auch schon in Gottfried Semper: *Ueber die bleiernen Schleudergeschosse der Alten*. Frankfurt: Verlag für Kunst und Wissenschaft (1859).

243 Sigfried Giedion: *Bauhaus und Bauhauswoche*. In: *Das Werk* (1923), Nr. 9, S. 232ff., hier S. 233.
244 Giedion (1923), S. 234.
245 Ebd.
246 S. Siebenbrodt/Simon-Ritz (2009), S. 141.

Spielarchitektur und Baukunst

52 Pablo Picasso: Frau mit Mandoline (1911). Aus: Daniel Henry [Kahnweiler]: *Der Weg zum Kubismus* (1920), Abb. 8

Adolf von Hildebrand: Lautenspielendes Mädchen am Joachimdenkmal (1908–13). Aus: Alexander Heilmeyer (Hg.): *Adolf von Hildebrand* (1922), Taf. 90

Beide problematisieren jedenfalls das Ende der Akzeptanz des perspektivischen Sehmodells, das den Betrachter einäugig an einem Punkt fixiert, ganz unterschiedlich. Deutlich wird das vielleicht an einem Vergleich von Picassos Frau mit Mandoline von 1911, die Kahnweiler publizierte, und der in den gleichen Jahren von Hildebrand geschaffenen Lautenspielerin, die heute in der Eingangshalle der alten Nationalgalerie in Berlin zu sehen ist. Hildebrand rettet sich gewissermaßen die klassische Kunst durch die Einführung des „Fernblicks", der im Gegensatz zum „Nahblick" das Erfassen der Form in einem ruhigen Eindruck ermöglichen soll. Augenbewegung und Disparationsperspektive können so im Rahmen einer neoklassizistischen Kunst bewältigt werden. Allerdings muss die Wirkungsform des Kunstwerkes – wie bereits erwähnt – so geschaffen werden, dass sie dem Wahrnehmungsprozess erleichternd entgegenkommt, wofür auch die Rundplastik als Fernform wie ein Relief in parallelen Ebenen aufgebaut werden soll.

Der Kubismus hingegen verwirft in seiner ersten Phase die Einheitlichkeit der Darstellung, die sich erst in der Betrachtung des Bildes, das analog zum Wahrnehmungsvorgang heterogene Ansichten darbietet, einstellen soll:[247] Bei Kahnweiler heißt es:

„Eine unerhörte Freiheit schenkt diese neue Sprache der Malerei. Sie ist nicht mehr an das mehr oder weniger ‚naturähnliche' optische Bild gebunden, das ein einziger Standpunkt von einem Gegenstande gewährt. Sie kann, um von seinen

---

247 Vgl. dazu auch Carl Einstein: *Negerplastik* (1920), S. 9ff.: *Das Malerische* sowie S. 17ff.: *Kubische Raumanschauung*.

‚primären' Eigenschaften eine gründliche Darstellung zu geben, sie als stereometrische Zeichnung auf der Fläche aufzeigen, oder gar, mittels mehrerer Darstellungen des gleichen Gegenstands, eine analytische Beschreibung von ihm geben, die der Beschauer erst in seinem Bewußtsein wieder zu einem Gegenstande verschmilzt. Die Darstellung braucht auch nicht die immerhin geschlossene stereometrische Zeichnung sein, sondern [...] farbige Flächen durch Richtung, Stellung zueinander usw., können das Formschema zusammenbringen, ohne sich zu geschlossenen Körpern zu fügen."[248]

Auch die Kunstwissenschaft wurde von der Fokussierung auf das Verhältnis zwischen Betrachter und Form nachhaltig beeinflusst. In einem Abschnitt von Paul Franks *Die Entwicklungsphasen der neueren Baukunst*, aus dem oben bereits zitiert wurde, geht es ebenfalls um das Verhältnis des Betrachters zum Objekt, hier zur Architektur. Auch Frankl kommt 1914 nicht um Hildebrand herum: „Der Innenraum schlägt hinter uns zusammen, er gibt kein ‚Fernbild', da wir ihm nicht gegenüberstehen, wie dem Bild und der Statue, sondern in ihm, wir lesen ihn nicht von ‚vorne nach hinten' ab, sondern im Kreise herum. Tatsächlich bezieht sich auch alles, was Hildebrand über die Architektur im speziellen Sinne ausführt, nie auf die Raumform, sondern auf die Körperform, also die tektonische Plastik."[249] Statt des „Fernbildes" führt er den Begriff des „architektonischen Bildes" ein: „Architektur sehen heißt die Reihe von dreidimensional gedeuteten Bildern, die sich im Abschreiten der Innenräume und im Umschreiten der äußeren Schale ergeben, zu einer einzigen Vorstellung zusammenzuziehen. Wenn ich vom architektonischen Bilde rede, so meine ich diese Vorstellung."[250]

Er klassifiziert dann die Architektur in „einbildige und vielbildige Bauten",[251] solche, bei denen sich die Eindrücke zu einem Gesamtbild vereinigen lassen, und solche, bei denen das nicht möglich ist.

Colin Rowe und Robert Slutzky vergleichen später Gropius' Bauhausgebäude und Le Corbusiers Villa Stein vor dem Hintergrund des Begriffes der Transparenz und der kubistischen Malerei. Le Corbusiers Entwurf wird als Ausdruck einer „höchst

---

248 Daniel Henry [Kahnweiler]: *Der Weg zum Kubismus*. München: Delphin (1920), S. 34; auf dieses Werk scheint Gleizes anzuspielen, da der Kunsthändler und Kunsthistoriker Kahnweiler sein Buch unter dem Pseudonym Daniel Henry veröffentlichte. Es heißt bei Gleizes: „Kunsthändler schreiben oft unter falschem Namen, um Leser irrezuleiten, Bücher und Aufsätze, in denen sie die in ihrem Besitz befindliche Ware anpreisen [...]." Gleizes (1980), S. 21.
249 Frankl (1914), S. 140.
250 Frankl (1914), S. 125f.
251 Frankl (1914) S. 136ff. Abschließend heißt es auf S. 142: „Ich kann daher zusammenfassend sagen, die optische Erscheinung der neueren Architektur ist in der ersten Phase einbildig, in der zweiten vielbildig. In der dritten steigert sich der Eindruck der Vielbildigkeit ins Unendliche."

Spielarchitektur und Baukunst

Colin Rowe und Robert Slutzky
Transparenz

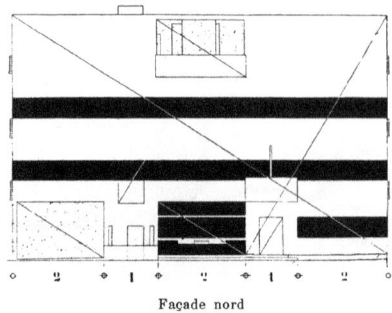

53 Colin Rowe/Robert Slutzky: *Transparenz* (1968), S. 32f.

Le Corbusier: *Villa Stein* (1927). Aus: Le Corbusier/ Pierre Jeanneret: *Œuvre complète 1910–1929* (1988), S. 144

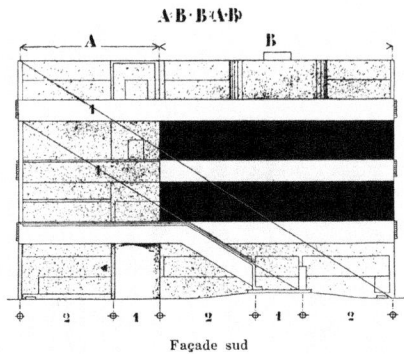

ausgeprägten Wertschätzung der frontalen Ansicht"[252] gesehen, während Gropius im Bauhausgebäude diese zugunsten der Übereckansicht der Baukörper vermeide. Entsprechend wurde oben vermutet, dass beide Thierschs Beitrag im *Handbuch der Architektur* gelesen haben, aber jeweils einen anderen Teil der Anwendung der diagonalen Ordnungslinien übernommen haben: Gropius scheint sie im Grundriss des Baukastens im Großen zu verwenden, um eine Übereinstimmung von Körperform und Raumform herzustellen, Le Corbusier trägt sie in die Ansicht ein, um die Fassadenkomposition zu organisieren.[253] Bernhard Hoesli stellt in seinem Kommentar im gleichen Band in isometrischen zeichnerischen Analysen Le Corbusiers Stillleben „Nature morte à la pile d'assiettes et au livre" von 1920 den Grundrissen und der Ansicht der Villa Stein gegenüber.[254]

Der Bildraum des Stilllebens wird hier übrigens als parallele Schichtung von Reliefebenen aufgefasst, so wie man es sich als virtuelles Hilfsgerüst bei Hildebrand wohl vorzustellen hätte,[255] wenn nicht einige Elemente dieser Schichtung als in die Bildebene geklappte Ansichten widersprechen und so eine räumliche Mehrdeutigkeit erzeugen würden. Zentral wird dieses Thema in der Aufsicht des Tellers auf dem Stapel, der genau mit dem verdeckten Schallloch des Musikinstrumentes zusammenfällt. Zufälligerweise verwendet Hans Cornelius in seinen *Elementargesetzen der bildenden Kunst* gerade die Fotografie eines Tellers zur Illustration einer mangelhaften bildlichen Darstellung, die der formalen Erkenntnis verschiedener Ansichten nicht gerecht werde, was wieder zu Hildebrand zurückführt.[256] Mit den Worten Frankls ausgedrückt, würde der Purist Le Corbusier die Einbildigkeit, der

---

252 Colin Rowe/Robert Slutzky: *Transparenz*. Basel und Stuttgart: Birkhäuser (1968), S. 26.
253 Der *Ort des rechten Winkel*, der sich bei der 90-Grad-Drehung gleich proportionierter Flächen aus den Diagonalen ergibt, führt bei Le Corbusier schließlich zum *Modulor*. Man darf sich allerdings fragen, wie ihm dabei ein so offenkundiger Fehler in der grundlegenden Ausgangsfigur entgehen konnte, denn seit Thales von Milet ist bekannt: Nur im Halbkreis ist der Peripheriewinkel 90 Grad. Daher kann es in einem 1:2 proportionierten Rechteck, das aus zwei Quadraten zusammengesetzt ist, nur einen *Ort des rechten Winkels* geben, und der ist in der Mitte, sodass die Unrichtigkeit der Ausgangsfigur ohne empirisch-geometrische Überprüfung hätte augenfällig sein müssen. Hier „spielten" wohl weniger „die Götter"... : Vgl. Le Corbusier: *Der Modulor*. Stuttgart: DVA (1978), S. 38 und S. 238.
254 Rowe/Slutzky (1968), S. 45ff., hier S. 48f.
255 Der puristische Bildaufbau mit der Bevorzugung einer idealen Ansicht und der Verzerrung derselben, um die Invarianten der dargestellten Form ablesbar zu machen, erinnert stark an das Konzept von Daseinsform und Wirkungsform bei Hildebrand. S. Amédée Ozenfant/Charles-Édouard Jeanneret: *After Cubism*. In: Carol S. Eliel: *Purism in Paris*. Los Angeles: Abrams (2001), S. 129ff., hier S. 161 und 164.
256 Cornelius (1908), S. 9.

Spielarchitektur und Baukunst

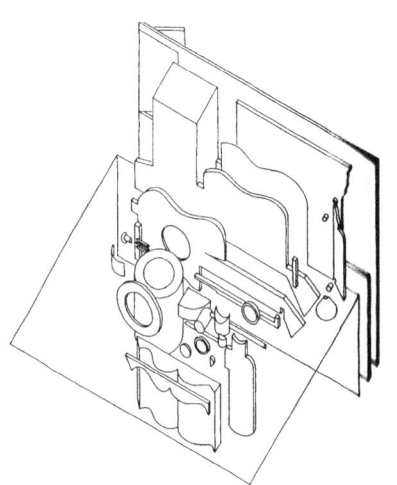
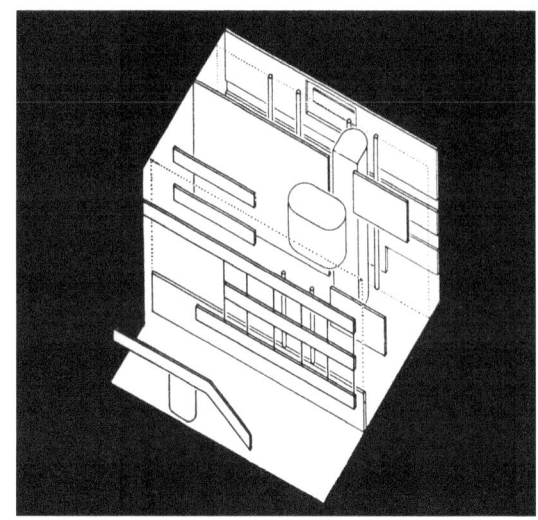

54 Bernhard Hoesli: Villa Stein/Nature morte à la pile d'assiettes et au livre. Aus: Colin Rowe/Robert Slutzky: *Transparenz* (1968), S. 48f.

‚Kubist' Gropius hingegen die Vielbildigkeit in der architektonischen Komposition bevorzugen.

Schon 1918 hatte Adolf Behne in *Die Wiederkehr der Kunst*[257] im Kubismus das Vorzeichen der bereits oben zitierten Architektonik, der herbeigesehnten Einheit der Künste, gesehen, die auch das Bauhaus dann erreichen wollte: „In den Bildern dieser Kubisten, denen als Plastiker Alexander Archipenko anzureihen wäre, finde ich nun jene Architektonik, die ich zuvor als einen geheimen Drang zu einer letzten Einheit gekennzeichnet habe. Tatsächlich gibt uns heute die Malerei eine größere Hoffnung, daß das Ziel die Einheit erreicht werde, als die eigentlich zum Führertum berufene Kunst: die Architektur."[258]

Hellmuth Sting stellt 1965 in seiner Dissertation *Der Kubismus und seine Einwirkung auf die Wegbereiter der modernen Architektur* einem traditionellen „Wohnhaus in Tilsit", datiert auf „um 1700", das Direktorenhaus in Dessau von Gropius aus dem Jahr 1926 gegenüber,[259] in dem Nerdinger die „schon 1922 beim ‚Baukasten'

---

257 Auch dieses Werk ist als Erwerbung der Bauhausbibliothek nachgewiesen. S. Siebenbrodt/Simon-Ritz (2009), S. 138.
258 Behne (1919), S. 24.
259 Hellmuth Sting: *Der Kubismus und seine Einwirkung auf die Wegbereiter der modernen Architektur.* TH Aachen, Diss. (1965), S. 101.

Internationale Architektur

vorgelegte Konzeption von ineinander verschränkten Kuben [...] voll entfaltet" sieht.[260] In Analogie zur Zentralperspektive „zwingt" der „euklidische Raum" des traditionellen Grundrisses „den Beschauer gleichsam in eine statische Bezugsstellung", wohingegen der „synthetische Raum" wie „die zweite kubistische Entwicklungsphase" von einem „Bewegungs- und Funktionsablauf"[261] ausgeht. Diese Gegenüberstellung könnte auch Frankls Einbildigkeit und Vielbildigkeit illustrieren:

    Der Grundriss des Direktorenhauses mutet zunächst nicht gerade unkonventionell an: ein Mittelgangtyp, bei dem ein Teil dieses Ganges als Anrichte abgetrennt wird. Im Kontext dieser Betrachtung erweckt das winkelförmige Obergeschoss als Analogie zum Einzel-Raumkörper 3 aus dem Baukasten im Großen im ersten Anblick mehr Aufmerksamkeit. Wenn auch nicht mit geometrischer Wörtlichkeit, so drängt sich beim Anblick des Grundrisses das Gefühl auf, hier eine Verschwenkung des Erdgeschosses um 90 Grad als gestalterische Operation anzunehmen, die von einem

55 Le Corbusier: *Nature morte à la pile d'assiettes et au livre* (1920). Aus: Museo Correr: *Le Corbusier. Pittore e Scultore* (1986), Cover

Hans Cornelius: *Elementargesetze der bildenden Kunst* (1908), S. 9

---

260 Nerdinger (1985), S. 76.
261 Sting (1965), S. 60f.

 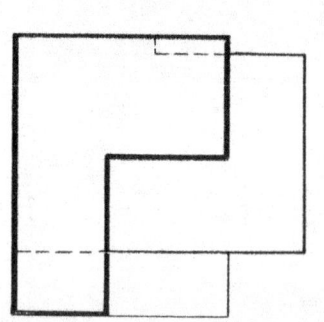

56 Hellmuth Sting: *Der Kubismus und seine Einwirkung auf die Wegbereiter der modernen Architektur.* TH Aachen, Diss. (1965), S. 102

relativ geschlossenen Baukörper ausgehen würde, bei dem im Obergeschoss eine Terrasse ‚subtrahiert' ist.

Eine solche Sicht wäre im Sinne von Sting nun eine Analogie zu der „Vierteldrehung", die der Augpunkt in manchen Werken der Malerei des analytischen Kubismus zu vollziehen scheint. [262] Für Hellmuth Sting ist „die Ablösung des subtraktiven durch ein additives Grundrißsystem" der wesentliche Schritt zur Verarbeitung der künstlerischen Revolution des Kubismus in der Architektur des beginnenden 20. Jahrhunderts. [263] Im Umgang mit den ‚Bausteinen' wäre Gropius gegenüber dem Baukasten im Großen hier einen Schritt weiter gegangen und hätte nicht nur Teile hinzugefügt und weggenommen, sondern diese gegeneinander verdreht. Vergegenwärtigt man sich den Zeitpunkt, an dem diese Überlegungen ihren Ausgangspunkt nahmen, das Jahr 1910, dann fällt dieser tatsächlich in die Ära des analytischen Kubismus. [264]

Für die drei Meisterhäuser bestätigt Gropius selbst analoge gestalterische Operationen wie Drehung und Spiegelung von Baukörperteilen. [265] Gropius' Baukasten ist bei Sting in der ersten, analytischen Phase lediglich als Beispiel für die technisch-ökonomischen Auswirkungen der Entwicklung erwähnt. [266] Wie aber oben zu zeigen versucht wurde, handelt es sich bei diesem Entwurf zumindest um ein subtraktiv-additives Wechselspiel, sodass man meinen könnte, hier eher den entscheidenden

262 Sting (1965), S. 106.
263 Sting (1965), S. 101 und 107.
264 S. Gleizes (1980), S. 10f. oder einfach Bert Bilzer: *Begriffslexikon der Bildenden Künste.* Reinbek: Rowohlt (1971), S. 189.
265 Walter Gropius: *bauhausbauten dessau.* (Bauhausbücher 12). München: Langen (1930), S. 86.
266 Sting (1965), S. 7.

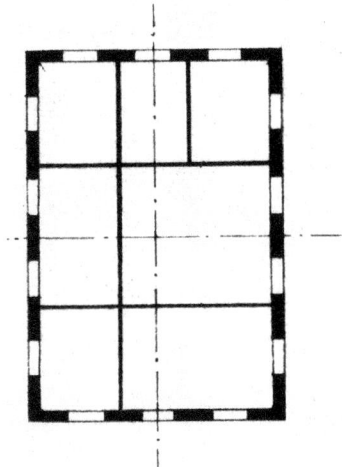 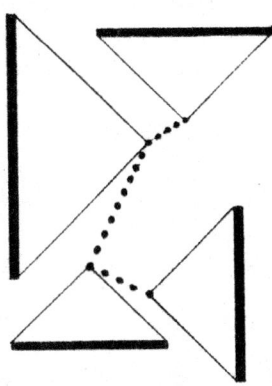

Übergangspunkt zwischen diesen von Sting polar gesetzten Gestaltungsprinzipien vor sich zu haben.

Diese Vorstellung der Modelloperation der 90-Grad-Drehung wird für das Direktorenhaus in Dessau von der kontrastierenden Farbgebung, überliefert in den vom zerstörten Haus erhaltenen historischen Fotografien, unterstützt: Die konstruktiv durch die Drehung zusätzlich notwendigen Elemente wie Sockelteile des ‚herausgedrehten' Erdgeschossteiles und die beiden Stützen, die das Obergeschoss über der Terrasse tragen, sind dunkel abgesetzt,[267] wohingegen sie in der historischen Fotografie des monochromen Modells ungewohnt ins Auge fallen:[268] Bei der abstrahierenden Rekonstruktion 2010–2014 wurden die beiden Pfeiler dann zugunsten der Expressivität der Form auch ganz weggelassen. Die Ästhetik des vollmaßstäblichen Modells (oder Attrappe oder *mock-up*), die in ihrer materialunabhängigen Abstraktion Behrens 1910 und Mies van der Rohe 1912 beim Haus Kröller vermutlich zum Verhängnis wurde, wurde 2010 prämiert. Die Säule, der Träger der

57 Hellmuth Sting: *Der Kubismus und seine Einwirkung auf die Wegbereiter der modernen Architektur.* TH Aachen, Diss. (1965), S. 60: „euklidischer Raum" und „synthetischer Raum"

---

267 Nach Christine Engelmann/Christian Schädlich: *Die Bauhausbauten in Dessau.* Berlin: Verlag für Bauwesen (1991), S. 35, war „das Äußere nur in Weiß, Schwarz und Grauwerten gehalten".
268 BHA 6.278/1r.

Spielarchitektur und Baukunst

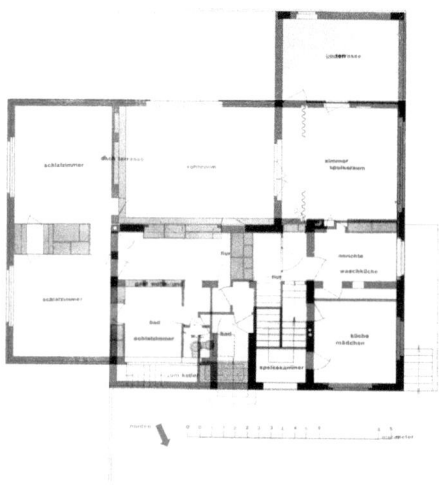
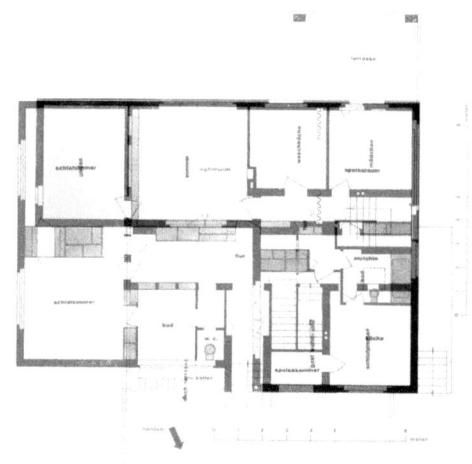

58 Gropius: Direktorenhaus Dessau (1925–26), Grundrisse Erd- und Obergeschoss. Bauhausarchiv Berlin 6277/1r und 6277/2r. Erd- und Obergeschoss, Überlagerung vom Verfasser

„Rückdrehung" Erd- und Obergeschoss. Überlagerung vom Verfasser

klassischen Architektursprache, wurde in der Moderne zunächst zum Pfosten[269] degradiert und dann zur überschüssigen Eigenschaft einer Architektur, die nun in Modelloperationen generiert wird, in der mit Geometrien noch jenseits des physikalisch determinierten Raumes hantiert wird, so wie sie Gropius im Baukasten im Großen erarbeitet hat.

1999 wurde ein offener Wettbewerb für eine Wohnhausanlage am Horn in unmittelbarer Nähe zum Haus am Horn und vermutlich auf einem Teil des ehemaligen Projektstandorts der Bauhaussiedlung von 1923 ausgeschrieben.[270]

Leider nicht prämiert wurde das hier gezeigte Projekt, in dem die Baukörper der aus den Raumkörpern des Baukasten im Großen, mit dem Gropius das Grundstück 1923 bebauen wollte, generiert wurden. Dabei wurde der Baukasten als das aufgefasst, was Bauen hier bei Gropius bedeutete, nämlich das freie Spiel mit Raumkörpern im stofflosen Raum, das dann, erst „im tastbaren stofflichen Raum" als

---

269 S. Le Corbusier und Pierre Jeanneret: *Fünf Punkte zu einer neuen Architektur*. In: Alfred Roth: *Zwei Wohnhäuser von Le Corbusier und Pierre Jeanneret*. Stuttgart: Wedekind (1927), S. 5 und unten, Kapitel 5.

270 *Realisierungswettbewerb Genossenschaftliche Wohnanlage am Horn, Weimar*. Dokumentation LEG Thüringen (1999).

Internationale Architektur

59 Direktorenhaus Dessau (1925–26). Modellfotografie. Bauhausarchiv 6278/1r

Bruno Fioretti Marquez: Rekonstruktion Direktorenhaus Dessau (2010–14).
Foto: Christian Vana

Spielarchitektur und Baukunst

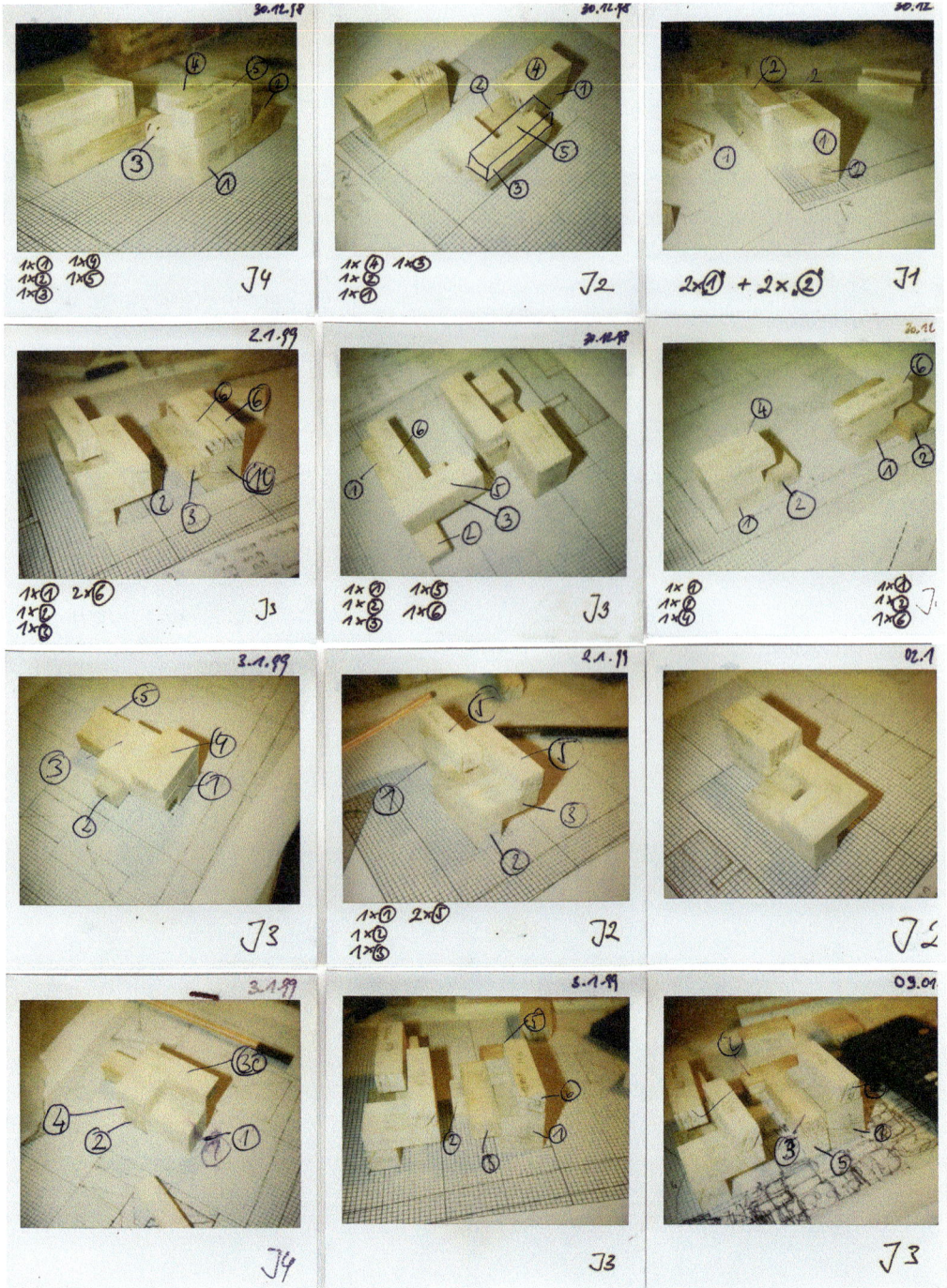

Internationale Architektur

60 vana-architekten: Realisierungswettbewerb Genossenschaftliche Wohnanlage am Horn, Weimar 1999

„künstlerischer" Raum realisiert wird.[271] Allerdings muss ein Unterschied hervorgehoben werden: Die „Lebensvorgänge"[272] wurden, dem zugegeben literarischen Bezug der Raumkörperformen geschuldet, den so geschaffenen Baukörpern nachträglich eingefügt, was vielleicht zeigt, dass der streng funktionalistische Aspekt der Moderne für uns schon lange Zeit in historische Distanz geraten ist.

---

271 Gropius (1923) nach Harrison/Wood (1998), S. 405.
272 Gropius (1928), S. 206.

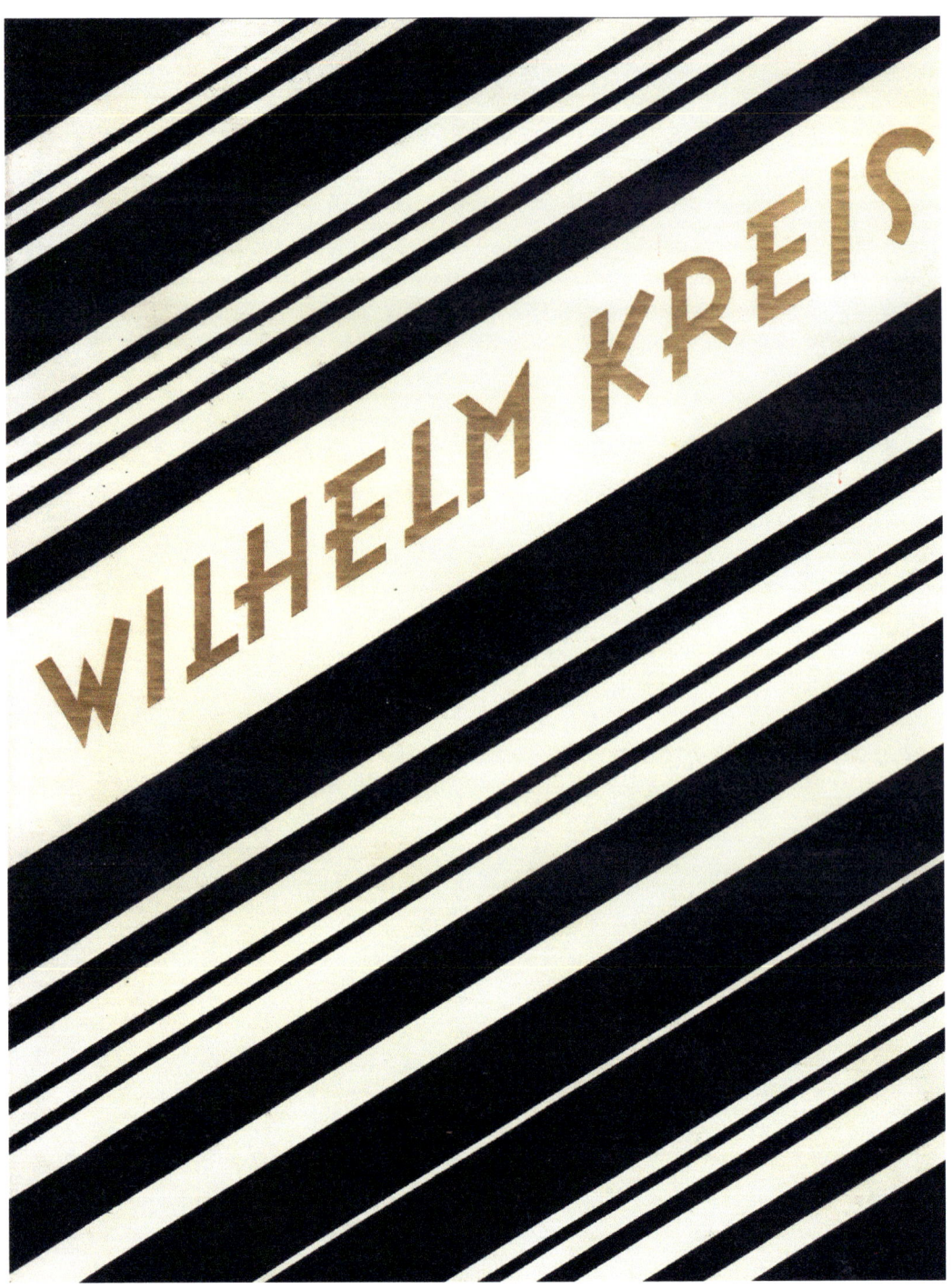

61 Cover zu: *Neue Werkkunst. Wilhelm Kreis* (1927), darin: Wilhelm Kreis: *Die Baukunst vor dem Kriege und heute*

4 Die Baukunst vor dem Kriege …

Auf dem Gelände der Internationalen Baufach-Ausstellung in Leipzig von 1913 stand Bruno Tauts Monument des Eisens in der Querachse der von Wilhelm Kreis errichteten Betonhalle, deren Zentrum ein Kuppelraum bildete, in dem die Ausstellung der Beton- und Zementindustrie zu sehen war. Die Hauptachse der gesamten Ausstellungsanlage der Leipziger Architekten Georg Weidenbach und Richard Tschammer war auf das Völkerschlachtdenkmal ausgerichtet. Obwohl Kreis 1896 als 23-jähriger Student den Wettbewerb für das Denkmal mit seinem Projekt Walküre „vor der gesamten Deutschen Architektenprominenz"[273] für sich entschieden hatte, wurde dieses schließlich nach den Plänen von Bruno Schmitz errichtet[274] und ebenfalls 1913, anlässlich des 100. Jahrestages der Schlacht, eröffnet. Mit der bis heute erhaltenen Betonhalle konnte Kreis aber den Abschluss der „zweiten Hauptachse"[275] des Ausstellungsgeländes gestalten. In einem zeitgenössischen Bericht der *Deutschen Bauzeitung* über die Baufach-Ausstellung wird ein Gegensatz im Gesamtensemble zwischen dem „Eintags-Charakter" der Ausstellung und dem „Ewigkeits-Charakter" des Denkmals konstatiert,[276] den man vielleicht auch im temporären Pavillon von Taut und der als „permanent"[277] konzipierten Halle von Kreis verkörpert sehen kann.[278]

Konnte man bei Taut lernen, dass ein fertiger Bau lediglich die Momentaufnahme eines kollektiven Ereignisses ist, deren Illusion als eigenständiges abgeschlossenes

---

273 Winfried Nerdinger: *Wilhelm Kreis – Repräsentant der deutschen Architektur des 20. Jahrhunderts*. In: Winfried Nerdinger/Ekkehard Mai (Hg.): *Wilhelm Kreis*. München/Berlin: Klinkhardt und Biermann (1994), S. 9 ff, hier S. 12.
274 S. Ralf Schiller: *Werkverzeichnis*. In: Nerdinger/Mai (1994), S. 223ff., hier S. 224.
275 S. *Die Anlage und die Hauptbauten der Baufach-Ausstellung in Leipzig 1913*. In: DBZ 47 (1913), Nr. 66, S. 581.
276 S. *Die Anlage und die Hauptbauten der Baufach-Ausstellung in: Leipzig 1913*. In: DBZ 47 (1913), Nr. 65, S. 573.
277 S. *Betonhalle auf der Internationalen Baufachausstellung zu Leipzig*. In: DBZ *Mitteilungen über Zement, Beton- und Eisenbetonbau* 9 (1912), Nr. 22, S. 169ff., hier S. 169.
278 Vgl. Nerdinger (1994), S. 17.

Spielarchitektur und Baukunst

62 Offizielle Postkarte, Internationale Baufach-Ausstellung mit Sonderausstellungen Leipzig 1913: Blick auf den Pavillon des Stahlwerksverbandes und die Betonhalle. Mitte hinten die Betonhalle von Wilhelm Kreis, rechts vorn Monument des Eisens von Bruno Taut

Werk nur „der Kürze unseres fliehenden Daseins"[279] geschuldet ist, so scheint Kreis hier einen gegenteiligen Standpunkt einzunehmen. Zunächst konzipierte er die Betonhalle als Stahlbetonkonstruktion, ähnlich wie Taut, der in seinen Ausstellungspavillons das Material als Produkt seiner Auftraggeber selbst und unmittelbar wirken ließ. Die Halle sollte jedoch teils mit „Muschelkalkbeton in steinmetzmäßiger Bearbeitung", teils mit Verputz versehen werden,[280] wodurch, so bemerkt Winfried Nerdinger, die „historisierend repräsentative Gesamtform", die damals als „Nachbildung des Pantheons" gesehen wurde, „Material und Bauaufgabe" „überdeckte".[281] Im Kontext des historischen Vorbilds scheint

---

279 Friedrich Schiller: *Was heißt und zu welchem Ende studiert man Universalgeschichte?* In: *Schillers sämtliche Werke in zwölf Bänden*, Bd. 10. Stuttgart und Tübingen: Cottascher Verlag (1857), S. 379.
280 *Betonhalle auf der Internationalen Baufachausstellung zu Leipzig*. In: DBZ *Mitteilungen über Zement, Beton- und Eisenbetonbau* 9 (1912), Nr. 22, S. 169ff., hier S. 170.
281 Nerdinger (1994), S. 17.

es, dass Beton hier durch die Bezugnahme auf das Pantheon, und damit auf das römische *opus caementium,* in die Architekturgeschichte eingebunden und auf diese Weise nicht als gänzlich neuer Baustoff, sondern als Material der (Stil-)Architektur legitimiert und präsentiert wurde. Trotzdem nahm Kreis später für diese Periode seines Werkes in Anspruch, dass lediglich „die kleinen Mittel der Maßstabsverfeinerung aus verschiedenen Reminiszenzen älterer Epochen herrührten, während die Hauptform durchaus eigenartig war".[282] Hier scheint allerdings das Gegenteil der Fall zu sein, denn Kreis hat sich gegenüber dem historischen Vorbild einige Freiheiten herausgenommen: Schon am Portikus ordnet er dorische Säulen an, wodurch sich die Proportionen wesentlich verändern. Über diesen findet man allerdings kein akademisch korrektes Gebälk, sondern die überproportionalen Faszien des korinthischen Epistyls des historischen Vorbilds, die Architrav und Metopenfries der dorischen Ordnung ersetzen. Damit das Giebelfeld die gedrungenen Säulen nicht erdrückt, musste es offenbar wesentlich flacher ausgeführt werden, um diese Abweichungen zu kalmieren. Durch das Ersetzen der korinthischen durch „griechisch-dorische"[283] Säulen wird Beton im wörtlichen Sinne archaisiert und nicht nur an die römische Zivilisation, sondern auch an die griechische Kultur rückgebunden. Hatte Karl Ernst Osthaus 1910 im Beton noch das führende Material eines neuen Stils gesehen, so scheint der Baustoff hier von Kreis in die architektonische Tradition eingebettet und seine Novität im Rückgriff auf die dorische Säule als Beginn einer neuen Tradition dargestellt zu werden.

Liegen uns heute solche Gedanken vielleicht etwas fern, bemerkte Adolf Behne jedoch 1918: „Keinem Menschen fällt es als Wahnwitz auf, wenn selbst die konsequentesten, modernsten, europäischen technischen Anlagen sich für ihre architektonische Notdurft solcher Formen bedienen, die aus der klassischen Kunst abgeleitet sind, ja, manchmal nur ganz unselbständig diese Formen nachahmen."[284] Und weiter: „Technizismus und Klassizismus sind einander keine Feinde, im Gegenteil, sie sind zusammengehörig. Der Technizismus ist die geistige Verfassung, der Klassizismus ist sein künstlerischer Ausdruck."[285]

Nach 1918 sah auch Kreis eine große Zäsur in der Architektur, wenn er in seinem 1927 veröffentlichten Aufsatz *Die Baukunst vor dem Kriege und heute* bemerkte: „Es ist eine neue Anschauung der Zeit, welche Bauwerke hervorbringt, die eine ganze

---

282 Wilhelm Kreis: *Die Baukunst vor dem Kriege und heute*. In: *Neue Werkkunst. Wilhelm Kreis*. Berlin, Leipzig und Wien: Hübsch (1927), S. 13ff., hier S. 14.
283 S. zum Beispiel Carl Busch: *Die Baustyle*. Leipzig: Spamer (1864). Kreis verwendete eine „griechisch-dorische Ordnung", dort S. 172, und nicht etwa „Die dorische Ordnung bei den Römern", dort S. 176.
284 Behne (1919), S. 72.
285 Behne (1919), S. 73.

Spielarchitektur und Baukunst

63 Wilhelm Kreis: Betonhalle, Leipzig 1913. Foto: Störfix 2021
Pantheon, Rom. Foto des Verfassers 2019

Welt von jenen Bauwerken trennt, die vor dem Kriege der Ausdruck einer Wohlhabenheit gewesen sind."[286] Als „vorzeitige Bewegung aus der Unmenge der Bauten" vor 1914 traten für ihn hervor: „Die Petersburger Botschaft, der Wertheim-Bau, das Tietz-Gebäude in Düsseldorf, das Hallesche Historische Museum, der Bahnhof in Stuttgart und manch anderer Bau ..." Also Peter Behrens, Paul Bonatz, Alfred Messel, Joseph Olbricht und er selbst – nicht Bruno Taut, nicht Walter Gropius, nicht Jacobus Johannes Pieter Oud aus der jüngeren Generation und auch nicht Louis Sullivan oder Frank Lloyd Wright. Für Kreis besteht der „Grundton im Ausdruck der Baukunst vor

---

286 Kreis (1927), S. 14.

Die Baukunst vor dem Kriege ...

64 Ingenius Baby. TU Wien, Institut für Künstlerische Gestaltung

dem Kriege" in einer Richtung, der man seiner Meinung nach allerdings nur „mit fraglichem Recht den Namen Neuklassizismus gegeben hat"²⁸⁷.

„Wilhelm hatte mit August Jüngst ein Wunderwerk von einem technischen Baukasten entwickelt, baute vor mir Kunstwerke der Architektur mit leichter Hand auf, baute ab und sprach: ‚Nun Du'. Er sah mir zu, seine Miene wurde traurig, zu meinem Vater sagte er: ‚Technisch hoffnungslos – laß ihn Philosoph werden', packte den Baukasten ein und entschwand mit ihm."²⁸⁸

So erinnert sich Helmut Arntz, Patenkind des Architekten Wilhelm Kreis, an eine Episode aus seinen Kindertagen, die sich seiner Altersangabe von 14 Jahren zufolge ebenfalls im Jahr 1926 oder 1927 zugetragen haben muss. Was Kreis mitgebracht hatte, war wohl ein Exemplar des Ingenius-Baukastens, für den er gemeinsam mit Carl August Jüngst als Herausgeber firmierte. Dieser Baukasten hatte zwar offensichtlich den Spielwarenhandel als bevorzugten Absatzmarkt, doch wurde in der Werbung auch auf andere Zielgruppen verwiesen. Unter anderem wurde er als „Modellierkasten für Fachleute" – nämlich „Architekten und Ingenieure" angepriesen.

---

287 Kreis (1927), S. 13f.
288 Helmut Arntz: *Der Patenonkel*. In: Nerdinger/Mai (1994), S. 205ff., hier S. 208.

Spielarchitektur und Baukunst

65 Wilhelm Willrab, Cover Ingenius Liliput, 1924. TU Wien, Institut für Künstlerische Gestaltung

Das „Ingenius" Bausystem (Werbematerial)

Der Ingenius-Baukasten ist als Systembaukasten konzipiert, der in sieben verschiedenen Varianten, *Populus, Minimal, Liliput, Baby, General, Normal* und *New City*, mit Steinmengen zwischen 27 und 3.000 Stück und zusätzlich mit Ergänzungskästen angeboten wurde.[289] Die Anzahl der Steine ist also offen, je nachdem, wie viele man davon erwirbt. Die insgesamt 110 Typen der Steine sind nach dem ursprünglichen Konzept, wenn man die Spezial- und Ergänzungskästen hier beiseite lässt, jedoch begrenzt: Mauersteine in verschiedenen Größen und Formen, ein- oder mehrplattige Gesimse, Bögen und Treppen. Im Gegensatz zu den damals marktbeherrschenden Steinbaukästen gibt es, abgesehen von Supplement- und Sonderkästen, die im Begleitmaterial auch Erwähnung finden, keine zylindrischen Elemente – also keine Säulen, keine Dreiecksprismen – also keine Giebel, keine Spitzbögen und keine Pyramiden. Dafür werden hier Fries- und Gesimssteine, Ecksteine und Stufenelemente angeboten. Ergänzt werden diese Elemente durch Rundbögen, die auch schon im Anker-Baukasten vorkommen, jedoch ohne die dort üblichen Nuten, die Steinteilungen darstellen sollten. Zu diesen Rundbögen gab es Steine mit nach unten gewölbter halbkreisförmiger Ausnehmung, sodass auch kreisrunde Öffnungen dargestellt werden konnten. Das erforderte beim Anker-Baukasten kein eigenes Steinelement, da die Elemente dort ohne Verbindungssystem in beliebiger Lage verwendet werden konnten.

Als Herausgeber für den Ingenius-Baukasten fungierte, wie dem Begleitmaterial zu entnehmen ist, das „Internationale Ingenieurbureaux Professor Dr. Wilhelm Kreis – C. A. Juengst". Helmut Arntz erinnerte sich noch 1994: „Kreis erzählte meinem Vater, er habe den Kasten zusammen mit August Jüngst gebaut. Jüngst war, wohl in Düsseldorf, Schüler von ihm gewesen; zur Zeit des Baukastenbaus hatte er sich vielleicht schon selbstständig gemacht."[290] Jüngst war in Düsseldorf – zumindest von 1917 bis 1922 – Mitarbeiter oder Partner von Kreis gewesen.[291] Wie Christian Maryška in seiner Recherche zur Firmengeschichte des Ingenius-Baukastens

---

289 Christian Maryška: *Der Ingenius-Baukasten. Zusammenfassung der Rechercheergebnisse* 1994, S. 5. Maryška, dann in der Österreichischen Nationalbibliothek tätig, hat hier die Firmengeschichte des Ingenius-Baukastens im Auftrag des Instituts für Künstlerische Gestaltung der TU Wien im Rahmen eines Forschungsprojektes erhoben, dessen Leiter damals der Verfasser gemeinsam mit Franz Lesák war. Aus den Rechercheergebnissen Maryškas sind in der Folge die Daten zur Firmengeschichte entnommen.
290 Brief von Helmut Arntz an Christian Maryška vom 23.6.1994.
291 S. Recherche Maryškas und das Werkverzeichnis von Schiller in: Nerdinger/Mai (1994), S. 223ff. Bei H. de Fries: *Industriebauten*. In: *Wasmuths Monatshefte für Baukunst* (1920/21), S. 127ff. wird er allerdings als gleichberechtigter Partner genannt. Als „Mitarbeiter" wird dort ein Hans Schäfer bei dem Projekt *Rheinische Metallwaren und Maschinenfabrik Düsseldorf* ausdrücklich zusätzlich zu Kreis und Jüngst genannt. Wie weiter unten erwähnt, muss Jüngst schon vor dem Büroeintritt bei Kreis selbstständig gewesen sein.

berichtet, gründeten Carl August Jüngst und Franz Filipp Palli am 13. November 1923 die Pallit Metallbekohlungs-GesmbH in Wien. Im Jänner 1924 übertrug Palli seine Anteile an Jüngst, der damit alleiniger Geschäftsführer und Gesellschafter wurde. Am 14. Mai 1924 wird der Name der Firma in „Ingenius, Technische- und Handels-Gesellschaft mbH" mit Firmensitz am Schillerplatz 4, 1010 Wien und dem Fabrikstandort Brigittenauer Lände 166, 1200 Wien geändert. In der Handelsgerichtsakte ist das Tätigkeitsfeld der Firma mit „Durchführung von technischen Aufgaben, Verwertung von Patenten sowie der Betrieb von Handelsgeschäften jeder Art, mit Ausnahme des Handels mit Lebens- und Futtermitteln" definiert. Jüngst selbst war ab März 1924 in der Haubenbiglgasse 5 in 1190 Wien gemeldet. Diese Anschrift ist auf einem der Begleithefte als Adresse der „Zentrale" der Ingenius GmbH angegeben, und man kann daraus vermuten, dass dieses Heft nach März und vor Mai 1924 als eines der ersten in Druck ging. Auf den anderen vorliegenden Begleitmaterialien ist dann die Adresse 1010 Wien, Schillerplatz 4 angegeben.

Jüngst bevollmächtigte am 12. Jänner 1925 einen Notar, scheint sich danach nicht mehr ständig in Wien aufgehalten zu haben und nach Berlin verzogen zu sein. Am 2. April 1925 wurde ein Ausgleichsverfahren eröffnet, das am 17. September 1925 beendet wurde. Das gleichzeitig eröffnete Konkursverfahren wurde am 15. Oktober 1929 mangels Deckung der Verfahrenskosten aufgehoben. Aus diesen von ihm erhobenen Daten schließt Maryška, dass die Produktion des Ingenius-Baukastens höchstens bis September 1925 erfolgt sein kann, und da die Auslieferung der ersten Kästen für August 1924 angekündigt war, ergäbe sich ein Gesamtproduktionszeitraum von einem guten Jahr. Ulf Leinweber wiederum nimmt ein Produktionsende mit 1929 an, also offenbar dem Zeitpunkt der Einstellung des Konkursverfahrens.[292] 1927 wurde in Wien allerdings der Projektor-Baukasten erzeugt, der auf einem ganz ähnlichen Prinzip wie der Ingenius-Baukasten basierte und sich auch in seinem äußeren Erscheinungsbild anlehnte. Mit Max Schäffer als Inhaber des Copyrights des Projektor-Baukaustens und Patentanmelder zum Ingenius-Baukasten ist zwischen beiden Produkten eine personelle Verbindung gegeben, die eine parallele Produktion unwahrscheinlich macht.

Der Ingenius-Baukasten basierte bei erster oberflächlicher Betrachtung offensichtlich auf einem Patent, das von Max Schäffer am 25. November 1922 angemeldet und ab dem 15. Jänner 1924 wirksam wurde. In der betreffenden Patentschrift 97157 des Österreichischen Patentamts wird ein „Bauspielzeug aus Holz" beschrieben, „bei welchem die Bausteine an der Bodenfläche mit einer nutartigen Ausnehmung

---

292 Ulf Leinweber: *Baukästen! Technisches Spielzeug vom Biedermeier bis zur Jahrhundertwende* (*Schriften zur Volkskunde, 7*). Staatliche Museen Kassel (1999), S. 266.

versehen sind, in welche der unterhalb befindliche Baustein mit seinem Oberteil einsteckbar ist, dadurch gekennzeichnet, daß die Seitenflächen der Nut des Bausteinoberteils so schwach geneigt sind, daß sie beim Aufeinandersetzen der Steine ein elastisches Festklemmen der Steine aufeinander sichern".[293]

Dieses Patent, dessen zugrundeliegende Erfindung belegt durch das das Anmeldedatum auf jeden Fall vor November 1922 gemacht worden sein muss, hatte Carl August Jüngst erworben. Dass sich Kreis zusammen mit Jüngst lediglich aus verkaufspolitischen Gründen als Erfinder und Herausgeber des Baukastens bezeichnen ließ und vielleicht auch gegenüber seinem Patenkind bezeichnete, wie es Maryška andeutet, scheint bei genauerer Betrachtung allerdings zweifelhaft. Vergleicht man zunächst die technische Beschreibung des Patents von Schäffer mit derjenigen, die im Prospektmaterial des Ingenius-Baukastens gegeben wird, dann sind die konstruktiven Unterschiede keineswegs so gering, wie sie auf den ersten Blick erscheinen. Die im Österreichischen Patent von 1922/24 beschriebenen Bausteine klemmen dadurch aufeinander, dass die Nut in dauernder Spannung bleibt: „Beim Einschieben der Rippe 2 in die Nut federn die flanschartigen Längswände der Nut auseinander und es werden so die Steine aufeinander festgeklemmt."[294]

Die Darstellungen in Schäffers Patent legen den Schluss nahe, dass diese Klemmwirkung durch eine einseitige elastische Wirkung der gekurvten Nutaußenwand erzielt wird, wohingegen der Falz eine solche Federwirkung wohl kaum erzeugen könnte. Die gekurvte Außenwand der Steine hatte offensichtlich auch den Zweck, die je nach Pressung unterschiedliche und damit im Mauerverband unregelmäßige Verformung der Nutaußenwand zu überspielen, wodurch „ein gutes konstruktiv richtiges Aussehen gewährleistet"[295] werden sollte. Wohl nicht umsonst ist der Patentschrift in Fig. 5 „schaubildlich ein aus dem Baukasten erstelltes Haus"[296] beigegeben. Die dauernde Spannung der Nutaußenwand würde allerdings befürchten lassen, dass bei Materialermüdung die Klemmwirkung verloren gehen könnte und genau jenes „selbständige Auseinanderfallen" eintreten würde, das bei der Konstruktion der Ingenius-Bauelemente vermieden werden sollte.

Die Elemente des Ingenius sind gemäß der technischen Zeichnung und Beschreibung in einem der Begleithefte ein komplexer ingenieurtechnischer Entwurf und nicht lediglich eine untergeordnete Verbesserung der Erfindung von Schäffer: Die dauerhafte Klemmwirkung sollte nach dem Konzept hier nicht durch die ständige Spannung der Nut, sondern durch die dauerhafte Elastizität der Feder gewährleistet werden, die

---

293 S. Patentschrift 97157, S. 2.
294 Patentschrift 97157, S. 1.
295 Ebd.
296 Ebd.

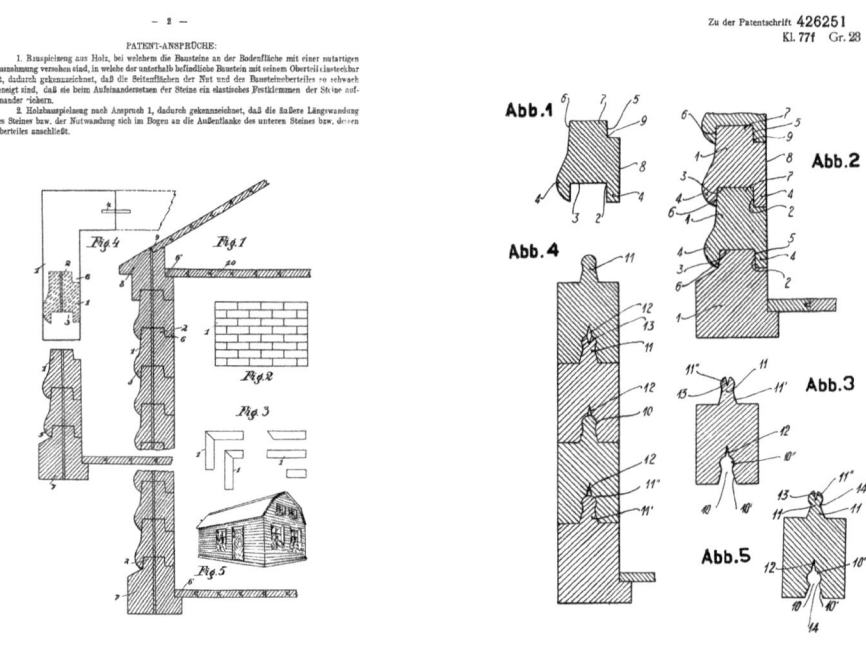

66 Patentschrift AT 97157
Patentschrift DE 426251

dazu geschlitzt wird. Die Feder, die nun mittig angeordnet ist, ist hier derjenige Teil, der beim Zusammensetzen elastisch verformt wird. Diese Verformung ist allerdings eine kontrollierte, da sie von der Nutöffnung begrenzt wird und nur zur Überwindung der Einschubphase dient. Nach dem Aufsetzen des Steines sollte sich die Feder in der konisch gearbeiteten Nut des oberen Steines wieder entspannen. Der exakte Sitz der Steinlagen übereinander wäre hier nicht durch das Aneinanderstoßen von Nutboden und Feder gewährleistet, sondern durch das Aufsitzen der Nutaußenwände auf den Ausklinkungen der Feder. Zwischen Nutboden und Feder sollte hier ein geringer Luftraum verbleiben und ein zusätzliches Saugmoment entstehen lassen, wie bei „präzise schließenden Türen". Nut und Feder nehmen hier im fertigen ‚Mauerwerk' ausschließlich vertikale Zugkräfte auf. Seitliche Schubkräfte sollten durch die Anschrägung der Passflächen der Steinlagen aufgenommen werden. All dies lässt auf ein ausgeprägtes technisches Verständnis schließen. In der Beschreibung der Steine finden sich auch noch zwei konkrete Indizien, die auf einen bautechnisch gebildeten Fachmann schließen lassen: zum einen der Vergleich mit der saugenden Wirkung einer Türe als „Präzisionsarbeit" des Bautischlers; zum anderen werden mit „Elastizitätsmodul" und „gefährlicher Querschnitt" Begriffe aus der

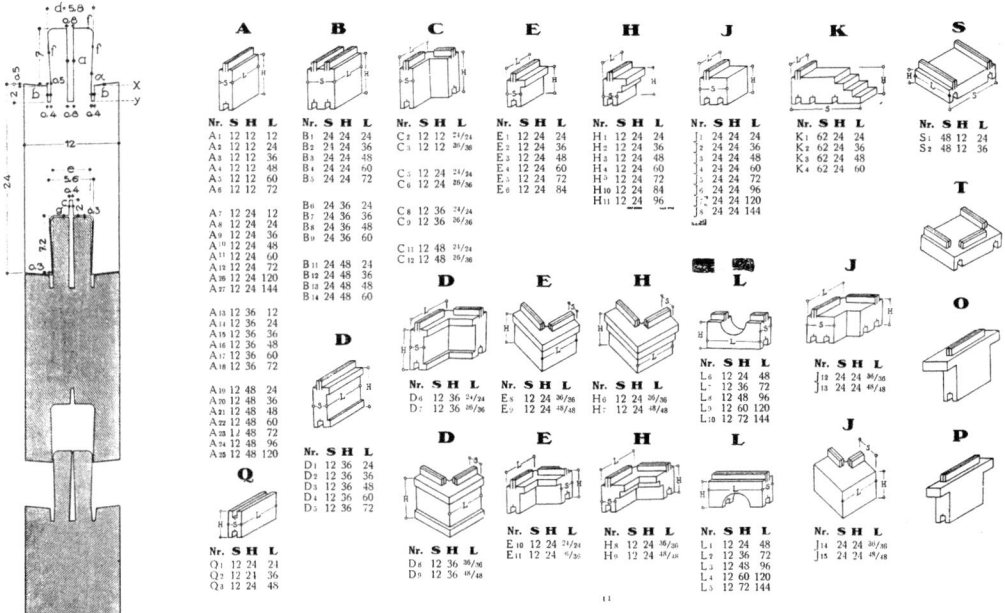

67 Ingenius Grundformstein und Ingenius Steintypen. Aus einem Begleitheft zum Ingenius-Baukasten

Festigkeitslehre beziehungsweise Statik eingebracht. Ersterer wird hier aber nicht exakt verwendet: „Mittelschlitz a in der Feder dient dazu, um das Zusammendrücken der Federstärke d auf das Öffnungsmaß e der Nute zu ermöglichen und um das Elastizitäts-Modul zu erhöhen." Der Elastizitätsmodul ist aber eine Werkstoffkonstante, die sich nicht durch die Geometrie eines Objektes verändern lässt. So scheint dem Autor dieser Beschreibung der Begriff zwar geläufig gewesen zu sein, jedoch kann man ausschließen, dass es sich um einen primär technisch gebildeten Fachmann handelte. Vielmehr könnte beides auf einen Architekten verweisen, der einerseits seine Kontrollfunktion gegenüber dem Bautischler aus der Berufspraxis und sein theoretisches Wissen um die Statik aus seinem Studium erinnert, der es aber gewohnt ist, mit größeren Werkstücken als mit Kinderbausteinen zu hantieren.

Zu diesem technischen Aspekt muss nämlich noch hinzugefügt werden, dass die auf uns überkommenen Ingenius-Steine diesen wohl eher theoretischen konstruktiven Überlegungen nicht standhielten. Bei fast allen hier vorliegenden Exemplaren sind die Mittelschlitze der Federn zusammengedrückt und nicht mehr elastisch. Es scheinen sich auch die in der Zeichnung und Beschreibung gegebenen und vor allem in den Schlitzführungen sehr feinen Geometrien weniger für die Verwirklichung in Holz – zumindest in diesem Maßstab – geeignet zu haben.

Bei all den angeführten Indizien muss bemerkt werden, dass im Jahr 1924 in Deutschland unter der Nummer 426251 ein weiteres Patent auf den Namen „Max Schäffer in Wien" angemeldet wurde. Es beinhaltet zunächst identische Zeichnungen zu dem österreichischen Patent 97157, jedoch enthält es eine Variante des Steines mit mittiger Anordnung von Nut und Feder, die dem Ingenius-Stein fast zu gleichen scheint. Es ist hier allerdings auch noch immer die Rede davon, dass die Klemmwirkung dadurch erzielt wird, „daß beim Aufstecken der mit den Nuten versehenen Steine auf die Leisten durch Keilwirkung die seitlichen Backen der Nuten zum Festklemmen etwas auseinander getrieben werden".[297]

Die Klemmwirkung war beim Ingenius-Stein zumindest anders konzipiert. Bemerkenswert ist, dass das Wiener Patent noch ausschließlich Holz als Material nennt, wohingegen hier verallgemeinernd ein „wenig nachgiebiger Werkstoff" genannt wird, für den Holz nur als Beispiel fungiert. Es scheint, als hätte man mit dem deutschen, offenbar später eingereichten Patent eine Überarbeitung der Erfindung von 1922 vorliegen, die ein Zwischenprodukt aus der Entwicklung des Ingenius-Steines darstellen könnte, und vielleicht sind hier Fertigungsprobleme dieser Variante in die Formulierung eingeflossen. Im deutschen Patent wird bei der gegenüber dem österreichischen Patent hinzugekommenen Variante der Steine auch ausdrücklich auf größere mögliche Bauhöhen von zwei bis drei Metern verwiesen. Dies findet sich auch in den Begleittexten zum Ingenius-Kasten als besondere Eigenschaft wieder, wobei dann allerdings von Bauten bis zu sieben (!) Metern gesprochen wird. Wie die Rollenverteilung zwischen Max Schäffer, August Jüngst und Wilhelm Kreis gewesen sein mag, bleibt hier zunächst unklar, allerdings weisen deutliche Indizien auf einen Einfluss aus dem Bereich der Architektur hin. Fest steht, dass die ursprüngliche Erfindung von Schäffer für den Ingenius-Baukasten grundsätzlich überarbeitet wurde, sodass eine Verbindung zwischen der Patentschrift 97157 und dem Produkt vielleicht eher im Bereich rechtlicher Erfordernisse zu suchen ist.

In *Die neue Erziehung* wird Kreis 1924 dann als Erfinder genannt. Dort wird auch hervorgehoben, dass „die beigegebenen Abbildungen, besonders die großen Städtebilder und Industrieanlagen, die durch die Geschlossenheit ihres Aufbaues und die ganz klare, architektonisch einwandfreie Formgebung in wohltuendem Gegensatz stehen zu dem bekannten und berüchtigten ‚Steinbaukastenstil'".[298] Nach 1924 finden sich zahlreiche Entwürfe von Wilhelm Kreis – wesentlich mehr als in seinen zeitgenössischen Monografien abgebildet waren – in den Vorlagen und

---

297 DRP 426251, Z. 25f., S. 1.
298 Alfred Ilgner: *Kindgemäßes Spielzeug*. In: *Die neue Erziehung* 6 (1924), S. 658ff., hier S. 665.

Die Baukunst vor dem Kriege ...

68 Ingenius-Bauvorlagen aus einem Begleitheft zum Ingenius-Baukasten

Spielarchitektur und Baukunst

Begleitprospekten des Ingenius-Baukastens.[299] In einem der Prospekte wird eine Abbildung mit der Bildunterschrift „Des Kindes glückliche Stunde" versehen. Bei näherer Betrachtung zeigt sich, dass das Kind diese „glückliche Stunde" mit einem Modell aus Ingenius-Steinen verbringt, das an Kreis' Entwurf zu einer Börse in Düsseldorf von 1922 angelehnt ist.[300] Auf der gegenüberliegenden Seite ist es nochmals als Hochhaus abgebildet. Es lassen sich hier noch weitere Werke von Kreis identifizieren: Was hier mit Börse betitelt ist, ist der Wettbewerbsentwurf für die Fassade der Rheinischen Stahlwerke in Duisburg aus dem Jahr 1921.[301] Der Kohlensilo ist der Entwurf zu einer Kohlenaufbereitungsanlage in Düsseldorf, abgebildet in *Wasmuths Monatsheften für Baukunst 1920/21*, S. 164 mit Karl August Jüngst als gleichberechtigtem Verfasser.[302] Ebenfalls findet sich dort, wieder mit Jüngst als Co-Autor, auf S. 159 die Werftanlage als „Totalansicht" der Schiffswerft Wilton in Rotterdam von 1919–1920.[303] Das Warenhaus ist offensichtlich eine Modellaufnahme des Warenhauses Tietz in Chemnitz von 1912–13[304], die Spezialanlage eine Perspektive zur Zellstoff- und Papierfabrik in Aschaffenburg von 1915.[305] Nicht gesichert ist, ob es sich bei dem Theater eventuell um den mit einem dritten Preis prämierten Entwurf für das Stadttheater von Krefeld der Architekten Gotthold Nestler und Karl August Jüngst handelt.[306] Sehr befremdlich ist hier, dass sich ein Krematorium, das bisher ebenfalls nicht identifiziert werden konnte, als Bauvorlage in einem Kinderspielzeug findet. Als Villa finden weiterhin beispielsweise auch das Haus Strottmann in Minden (1921/22), als Brücke ein Schaubild zum Wettbewerb Eisenbahnbrücke über die Arsta-Bucht (1918–1919) Eingang in die Vorlagehefte des Ingenius-Baukastens. Wie die Umsetzung der Brückenkonstruktion mit Ingenius-Steinen vorgestellt war, zeigt vielleicht das „Weltstadtbild" auf der vorhergehenden Doppelseite. Ob es sich bei einem mit „Monument" betitelten Modell aus dem Ingenius-Steinen gar um eine

---

299 Eine Identifizierung von acht Werken von Kreis erfolgte bereits durch Christian Maryška auf der Grundlage von Nerdinger (1994). Insgesamt konnten bisher 16 Werke von Kreis in den Vorlagen identifiziert werden, bei vier weiteren kann eine Zuordnung nur vermutet werden.
300 S. *Neue Werkkunst* (1927), S. 29; Karl Meissner: *Wilhelm Kreis*. Essen: Baedeker (1925), Taf. 33 und bei Schiller (1994), WV 127.
301 Schiller (1994), WV 125; Meissner (1925), Taf. 24; *Neue Werkkunst* (1927), S. 28; *Wasmuths Monatshefte für Baukunst* 1922/23, H. 7/8, S. 203.
302 Schiller (1994), WV 114.
303 Schiller (1994), WV 113.
304 Schiller (1994), WV 87.
305 Schiller (1994), WV 97.
306 Ein Vergleich der Perspektive des Projekts von Emil Fahrenkamp aus *Wasmuths Monatshefte für Baukunst* 119 (1919/1920) H. 7/8, S. 238 lässt dies möglich erscheinen, da der Standpunkt der Perspektive hier vorgegeben war. S. zu diesem Wettbewerb: *Deutsche Bauzeitung* 47 (1913), Nr. 39, S. 360; Nr. 63, S. 560; Nr. 100, S. 928.

Anlehnung an das zweite Lenin-Mausoleum von Alexei Wiktorowitsch Schtschussew handeln könnte, kann hier nicht bewiesen werden. Als *Büropalast* findet sich hier auch ein Schaubild vom *Wilhelm-Marx-Haus* in Düsseldorf (1921–24).

Suchte man am ausgeführten Bau, der als das „erste Eisenbeton-Hochhaus Deutschlands"[307] und technische Höchstleistung gefeiert wurde, Übereinstimmungen mit den Elementen des Ingenius-Baukastens, so könnte man meinen, dass dadurch, dass die beiden unteren Geschosse mit einer Verkleidung aus Muschelkalk versehen sind, die in ihrer Faktur den Eindruck von gebrochenem massiven Naturstein erweckt, der massive Steinblock offensichtlich sowohl im Baukasten als auch im gebauten Werk von Kreis Gegenstand der Darstellung ist, womit eine ideale Materialität im Mittelpunkt steht. Dazu wurden die Fugen der Muschelkalkverkleidung nach unterschiedlichen Gesichtspunkten in der architektonischen Gestaltung ausgebildet: Die horizontalen Fugen stellen, nach der hier unterstellten Absicht, Lagerfugen von massiven Bauelementen dar. Fassen wir die Verkleidung als vollmaßstäbliches Modell eines gewissermaßen idealen massiven Baues auf, dann gehören diese Teilungen daher zum Abbildungsnachbereich der Fassadenverkleidung. Ihre Erscheinung wurde in der Detailausführung auch betont. Die vertikalen Fugen hingegen, die das Zusammenfügen aus einzelnen, wenige Zentimeter dicken Platten kenntlich machen würden, wären so gesehen überschüssige Eigenschaften, die keine Abbildungsfunktion haben und ganz im Gegenteil diese gefährden könnten. Sie wurden auch tatsächlich möglichst unscheinbar in der Ichse der Verkleidungen angeordnet und damit qualitativ anders behandelt. Was hier in der Architektur dargestellt wird, ist jener archaische Bauvorgang, der im Umgang mit dem Ingenius-Baukasten im kleinen Maßstab vollzogen wird.

Von den klassischen architektonischen Elementen des Anker-Steinbaukastens bleiben im Ingenius-Kasten nur Gesims und Friessteine, diese allerdings in verfeinerter Ausführung.[308] Ein Blick in die als Entwürfe von Kreis identifizierten Vorlageblätter macht deutlich, dass sich seine Architektur in den 1920er-Jahren in diese Richtung bewegt. Säulen verschwinden zugunsten von Pfeilern und Lisenen, ein- oder mehrplattige Gesimse finden sich nicht nur an repräsentativen Bauaufgaben, sondern auch an den sonst nackten Sichtbetonmauern der Industriebauentwürfe. Kreis hatte über die Veränderungen gegenüber der Vorkriegsarchitektur 1927 auch notiert:

---

307 S. Heinrich Krauss: *Das erste Eisenbeton-Hochhaus Deutschlands*. In: DBZ, Jg. 46/47, Beilage Nr. 12, *Konstruktion und Bauausführung*. S. 89ff.; nach Schiller (1994): WV 126/1921–24
308 In einem der Begleithefte werden zwar „Spezialkonstruktionen" unter anderem mit Säulentrommeln und dorischen Kapitellen angepriesen, es sind dem Verfasser jedoch weder aus der Anschauung noch aus der Literatur solche Steine bekannt.

Spielarchitektur und Baukunst

Monument

Büropalast

Brücke

Kunstakademie

Warenhaus

Ozeandampfer

Hafenanlage

Villa

Ausstellungshaus

69 Ingenius-Bauvorlage aus einem Begleitheft zum Ingenius-Baukasten

Wilhelm Kreis: Wilhelm-Marx-Haus, Düsseldorf 1921–24. Aus: Carl Meissner: *Wilhelm Kreis* (1925), Taf. XXVI

70 Wilhelm Kreis: Wilhelm-Marx-Haus, Düsseldorf 1921–24. Fotos des Verfassers

„Wenn früher Säulen, Gebälke, Risalite, Giebel und Portale Hauptkräfte der Fassade waren, so sind es heute die einfachsten Elemente, die Mauer, die Öffnung, das Fenster und die Deckplatte, die Stockwerksteilung, die Stützen, also die Elemente des Baues selbst, nicht die schmückenden Bestandteile einer Fassadenarchitektur."[309]

Für Kreis war also die Baukunst nun auf sich selbst zurückgeworfen und der kanonisierten Architekturelemente verlustig gegangen. Nunmehr mussten die „Mauern, die Fenster, die Deckplatte, die Baustoffe […] für sich sprechen".[310] Trotzdem geht es hier um Architektur, denn für Kreis bleibt es das „Wesentliche einer neuen zeitgemäßen Baukunst", dass „das Gefühl, vor einem Kunstwerk zu stehen, trotz seiner verblüffenden Schlichtheit voll erzeugt wird".[311]

Vergleicht man die Architektur von Kreis mit den Umbrüchen in den Werken der modernen Bewegung, so scheint sie sich nach dem Ersten Weltkrieg aber gar nicht prinzipiell gewandelt zu haben. Die Reduktion der Elemente wurde lediglich verstärkt vorangetrieben. Achse, Symmetrie, Tragen und Lasten blieben nach wie vor die bestimmenden formalen Prinzipien, sodass sie als das erscheint, was man als Reduktionsstil bezeichnet. Im Vergleich mit dem Schloss Schönbrunn in Wien, dessen Modell für eine der Ingenius-Anleitungen mit Bausteinen offensichtlich nachgebildet

---

309 Kreis (1927), S. 17.
310 Kreis (1927), S. 15.
311 Kreis (1927), S. 16.

Spielarchitektur und Baukunst

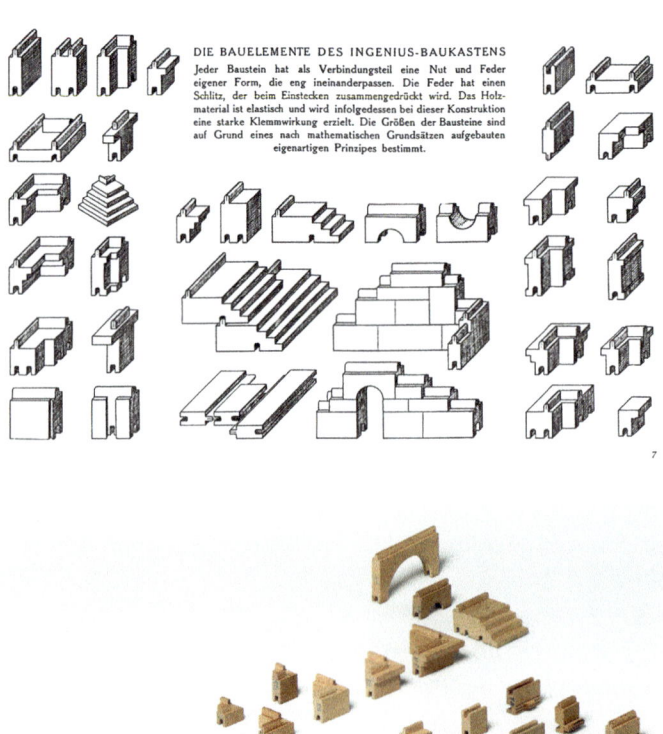

71 Die Bauelemente des Ingenius-Baukastens aus einem Begleitheft zum Ingenius-Baukasten

Ingenius-Bausteine. TU Wien, Institut für Künstlerische Gestaltung

wurde, zeigt sich, dass dabei aus einem barocken Lustschloss eine durchaus ernste Angelegenheit wird.

Maßstabsgebend für die Ingenius-Bausteine sind zunächst lediglich die beigegebenen „Tür- und Fensterblätter" aus Pappe, die mit oberen Laschen in die Nuten an der Unterseite der Steine eingeschoben werden konnten. Die Steinhöhe muss also mindestens so groß sein wie die Höhe des kleinsten quadratischen Fensters, das selbst wiederum eineinhalbmal so breit ist wie die kleinste Türöffnung – also in Realgröße etwa mindestens 90–100 cm. Die Steine haben in diesem Kontext des Modellmaßstabes eine monumentale Dimension. Sie wären in ihrer realen Größe nicht wie ein Ziegelstein auf die Handhabung durch den einzelnen Handwerker bezogen, sondern könnten nur durch ein Kollektiv oder eine Maschine bewegt werden.

Die Baukunst vor dem Kriege ...

Die im Begleitmaterial zum Ingenius-Baukasten gezeigten Modelle weisen deutlich sichtbare Steinfugen auf, die mit den Zeichnungen und Modellen korrespondieren. Sie gehören mit ihren Umrissen daher offenbar zum Abbildungsnachbereich der Baukastenmodelle. Anders als mit dem Fugenbild verhält es sich mit der patentierten Erfindung der Zusammenfügung durch Nut und Feder, die diesen Baukasten vom damals konventionellen Steinbaukasten unterscheidet. Formal sind Nut und Feder hier überschüssige Eigenschaften, die zunächst nicht zur Darstellung beizutragen scheinen und im Mauerverband auch nicht in Erscheinung treten. Die traditionellen Steinbaukästen arbeiteten nur mit der tatsächlichen Reibung der Bausteine, die aber aufgrund der allometrischen Relationen geringer ist, als es dem Maßstab der Steine entsprechen würde. Nut und Feder wirken beim Ingenius-Kasten dem entgegen und beeigenschaften so die Holzklötzchen mit einer Haftwirkung, die maßstäblich dem Gewicht von massivem Werkstein zukommen würde. Dass die Größe der Steine eines Mauerwerksverbandes aber

72 Johann Bernhard Fischer von Erlach und Nicolaus Pacassy: Gartenfront Schloss Schönbrunn, Wien. Foto: Verfasser

Ingenius-Modell Schloss Schönbrunn aus einem Begleitheft zum Ingenius-Baukasten

Spielarchitektur und Baukunst

auch Rückschlüsse auf die den Bau bestimmenden oder intendierten gesellschaftlichen Verhältnisse zulässt, bemerkt schon Semper in seinem Abschnitt über die Stereotomie:

„Die gemeinüblichen mittleren Grössen der angewandten Einheiten des Gemäuers richten sich nach der geologischen Beschaffenheit der von bauenden Völkern bewohnten Länder, nach den Kulturzuständen dieser Völker und zum Theil nach der Tradition des Bauens, die aus undenklicher Vorzeit stammt und durch alle im Uebrigen noch so verschiedenen Bauweisen hindurchblickt. Sie enthalten den sichersten Aufschluss über das jedem Baustile Eigenthümliche, sowie über den Kulturzustand der bauenden Völker und Zeiten, der sich in ihren Denkmälern abspiegelt oder verbildlicht. Millionen Sklavenhände drückten sich ab an jenen 60füssigen Steinblöcken der syrischen Bollwerke, der Pyramiden und sonstigen Werke Aegyptens."[312]

Bauen ist hier als Modelloperation nicht bloßes Herstellen eines Volumens, sondern ein Schichten von monumentalen Materialblöcken, das im wirtschaftlich-technischen Kontext der 1920er-Jahre im vollen Maßstab nicht mehr praktisch vollzogen werden konnte. Mit einer solchen Gestaltung wird daher auf einen archaischen Kontext als idealen Ort in der Geschichte verwiesen und eine rückwärtsgewandte gesellschaftliche Utopie transportiert. Es liegt dem Kasten damit aber auch aus pädagogischer Sicht ein konservativer Ansatz zugrunde, der die bestehenden Verhältnisse von Generation zu Generation perpetuiert: Der Baukasten von Kreis zielt, wie auch die Anekdote von Arntz deutlich macht, auf Nachahmung, wie die Vorlagen zeigen, der eigenen Baupraxis von Kreis, und das Kind, der erste Adressat des Bauspiels, wird angehalten, in die Fußstapfen der Alten zu treten.

Der Mauerwerksverband wäre nach Semper allerdings ursprünglich ein Thema des Sockels. Die darauf aufbauenden klassischen Tempel würden im Gegensatz zu ihrem Unterbau ihr Zusammengesetztsein verleugnen. Hier scheint ein wesentlicher Unterschied zwischen der klassischen Architektur und dem Werk von Kreis zu liegen.

Wilhelm Kreis hatte sich schon vor dem Ersten Weltkrieg dadurch profiliert, dass er den nationalen Strömungen der Gesellschaft in seinen Denkmalsprojekten besonders gut Ausdruck zu geben wusste: 1899 gewann er eine Ausschreibung der deutschen Studentenschaft für den Entwurf einer Bismarcksäule. Sein Entwurf „Götterdämmerung" soll dann zwischen 1903 und 1911 47 Mal, meistens ohne seine Beteiligung, ausgeführt worden sein.[313] Erinnert man sich daran, dass in der vitruvianischen Tradition die Säule mit dem Menschenbild in Einklang gebracht wird,

---

312 Gottfried Semper: *Der Stil II*. München: Bruckmann (1863), S. 370f.
313 S. Schiller (1994), WV 10.

dann könnte man sich dazu verleiten lassen, diesen Entwurf als Klassizismus mit Gendefekt zu bezeichnen: Die Säulen, die das Individuum repräsentieren, sind zusammengewachsen, wie man es beispielsweise aus naturkundlichen Sammlungen kennt, wo einem ein Reh mit zwei Köpfen präsentiert wird.

Kreis' Denkmäler sind aus Werkstein gearbeitet, und von einem der 1899 nach seinem Entwurf errichteten Bismarcktürme wurde erzählt, dass Bauern ihn sich selbst errichtet hätten, er „wäre wirklich fast so entstanden, wie es in Vorväterzeiten bei den Hünengräbern gewesen sein mag, wenn jeder dazu ‚leistete' und ‚Lasten' übernahm".[314] Die Säule wird so ideologisch aufgeladen, hier schon „vor dem Kriege" einer Mauerwerksarchitektur geopfert, die die ‚Volksgemeinschaft' auf eine für uns heute wohl unangenehme Art und Weise repräsentiert. Der Stein, das Material dieses Baues, wird dabei mit einer Lebendigkeit beeigenschaftet, was die baukünstlerische Tätigkeit zu einem metaphorischen Ringen mit dem Material um den künstlerischen Ausdruck werden lässt, wie in der Monografie von Meissner bemerkt

73 Wilhelm Kreis: Wettbewerb Bismarckdenkmal *Götterdämmerung*, 1898. Aus: Nerdinger/Mai: *Wilhelm Kreis* (1994), S. 12

Wilhelm Kreis: Bismarckdenkmal Zehdenick, 1900. Aus: Meissner: *Wilhelm Kreis* (1925), Taf. III

---

314 Meissner (1925), S. 12f.

Spielarchitektur und Baukunst

wird, die anlässlich von Kreis' fünfzigstem Geburtstag erschien. Das Material selbst berichtet von diesem heroischen Akt als das erduldende – gewissermaßen im Kampf unterlegene – Element:

„Hier haben wir wieder die Stimmung, die wir an der ‚gebauten Landschaft', den ‚architektonischen Bergen' der Pyramiden bewundern, die uns an Römerwerken und frühromanischen Bauten packt: Die Wucht der scheinbar von Menschenhänden nicht völlig gebändigten, nicht ganz unterdrückten Masse, die dem Material ein gut Stück von seiner Kraft, seinem starken Naturleben läßt. Die Steine sind nicht sklavisch glatt und stumm gemacht. Sie reden noch."[315]

Der Stein ist bei Kreis offensichtlich ein dauerhaftes Material, das in der Zukunft wenig Veränderung erwarten lässt. Es ist also, nachdem es in dem heroischen Kampf bei der Errichtung bezwungen wurde, ein unterworfenes und für alle Zeiten nicht totes, sondern beherrschtes Material, das gerade dadurch ewige Dauer verspricht und selbst noch im Zerfall vom errungenen Sieg und von vergangener Größe künden soll.

Das Wort aus Stein, dessen Titel ein Zitat aus einer Hitler-Rede ist,[316] war einer jener Propagandafilme der Nationalsozialisten, in dem unter anderem auch die Soldatenhalle von Kreis gefeiert wurde. In den ersten Sequenzen des Filmes wird gezeigt, wie Material aus einem Felsmassiv gewonnen und in Überblendungen zu Josef Thoraks „Denkmal der Arbeit" wird. Bauen wird hier, wie bei Kreis schon 1898, als heroischer Akt der ‚Volksgemeinschaft' vorgeführt.[317] Während der NS-Diktatur wurde Kreis dann der „Entwurf wesentlicher Großbauten der Neugestaltung Berlins übertragen",[318] „Bauten, die unsere Zeit überdauern und die Lebens- und Machtgefühl des heutigen Menschen auch nach Jahrhunderten noch versinnbildlichen sollen."[319]

Es ist dies aber nicht als Rückkehr zu einer Stilarchitektur zu sehen, denn auch die NS-Architekten bezogen sich, beispielsweise in der vom Tessenow-Schüler[320]

---

315 Meissner (1925), S. 13.
316 Hier und im Folgenden nach: Institut für wissenschaftlichen Film Göttigen (K. Arndt/H. Döhl): *Das Wort aus Stein* (Film Denkdokumente zur Zeitgeschichte G47/1959), Göttingen (1965).
317 Tatsächlich aber soll die Verwendung von Werkstein unter dem NS-Regime durch den Aufbau einer Kriegswirtschaft motiviert gewesen sein und wurde zur Verschleierung der ökonomischen Prioritäten nur ideologisch kaschiert. S. Angela Schönberger: *Die neue Reichskanzlei von Albert Speer.* Berlin: Gebr. Mann (1981), S.162ff.
318 Rudolf Wolters: *Neue deutsche Baukunst.* Hg. von Albert Speer. Berlin: Volk und Reich (1940), S. 13.
319 Wolters (1940), S. 14.
320 S. André Deschan: *Im Schatten von Albert Speer. Der Architekt Rudolf Wolters.* Berlin: Gebr. Mann (2016), S. 33ff.

Rudolf Wolters verfassten Begleitschrift zur Propagandaausstellung Neue Deutsche Baukunst,[321] auf die „Pionierarbeiten eines Tessenow, eines Schumacher und Muthesius".[322] Wolters entwickelte in dieser Publikation sogar eine Ursprungstheorie der nationalsozialistischen Architektur, indem er sie „aus der Gestaltung der ersten Kundgebungen der Partei unter freiem Himmel"[323] herleitet.

74 Wilhelm Kreis: Soldatenhalle, Berlin, Nord-Südachse 1938–41
Aus: Rudolf Wolters: *Neue Deutsche Baukunst* (1940), S. 52

Die Dekorationen der Nazipropaganda fungieren hier abstruserweise damit gewissermaßen als Analogon für das „Bundeszelt" des Alten Testaments, das in der Architekturtheorie des 16. Jahrhunderts als Glied einer historischen Kette „eine direkte Linie von den göttlichen Geboten zum Bau der Arche, der Stiftshütte, des

---

321 Deschan (2016), S. 123ff.
322 Wolters (1940), S. 9.
323 Wolters (1940), S. 10.

Spielarchitektur und Baukunst

Tempels und des Escorial ziehen"[324] ließ, wenn er weiter ausführt: „Fahnentücher, Masten, Tribünen, Lichtkegel waren die ersten baulichen Mittel. Aus ihnen erwuchs die neue steinerne Form [...]."[325] Wie sich aber beispielsweise am Werk von Kreis zeigt, ist die *Neue Deutsche Baukunst* keineswegs eine genuin neue Baukunst, sondern lediglich die Wiederaufbereitung deutschnationaler Denkmalsarchitektur aus der Wende vom 19. zum 20. Jahrhundert.[326]

Adolf Behne hatte schon 1918 zur eigenartigen Verbindung von archaischen Formen und avancierter Technologie resignierend – und ex post fast prophetisch – bemerkt:

„Ich bilde mir auch nicht ein, dass es meinen Worten gelingen könnte, den modernen Europäer von seinem Irrtum zu heilen. Ich will aber doch versuchen, ihn wenigstens davon zu überzeugen, dass er, solange er sklavisch jener Entwicklung folgt, die Europa schließlich zu einem Brandherd technisch unerhörter Gräueltaten gemacht hat, niemals zu einem Zustande gelangt, der das erzeugt oder zuläßt, was wir als Kultur und Kunst bezeichnen [...]."[327]

---

324 Christian Freigang: *Gott als Baumeister*. In: Winfried Nerdinger (Hg.) *Der Architekt. Geschichte und Gegenwart eines Berufsstandes*. München: Prestel (2012), Band 2, S. 383ff., hier S. 391.
325 Wolters (1940), S. 10.
326 Vgl. auch Schönberger (1981), S. 164. Schönberger verweist dort allerdings auf die allgemeine Wertschätzung des Natursteins in den 1910er- und 1920er-Jahren, „so daß hier vom Nationalsozialismus nur eine vorhandene ästhetische Ausdrucksform pervertiert wurde". In Anm. 30 werden das Mannesmann-Verwaltungsgebäude in Düsseldorf, die Petersburger Botschaft, beide von Peter Behrens, und das Shell-Haus in Berlin vom Emil Fahrenkamp als Beispiele genannt.
327 Behne (1919). S. 72.

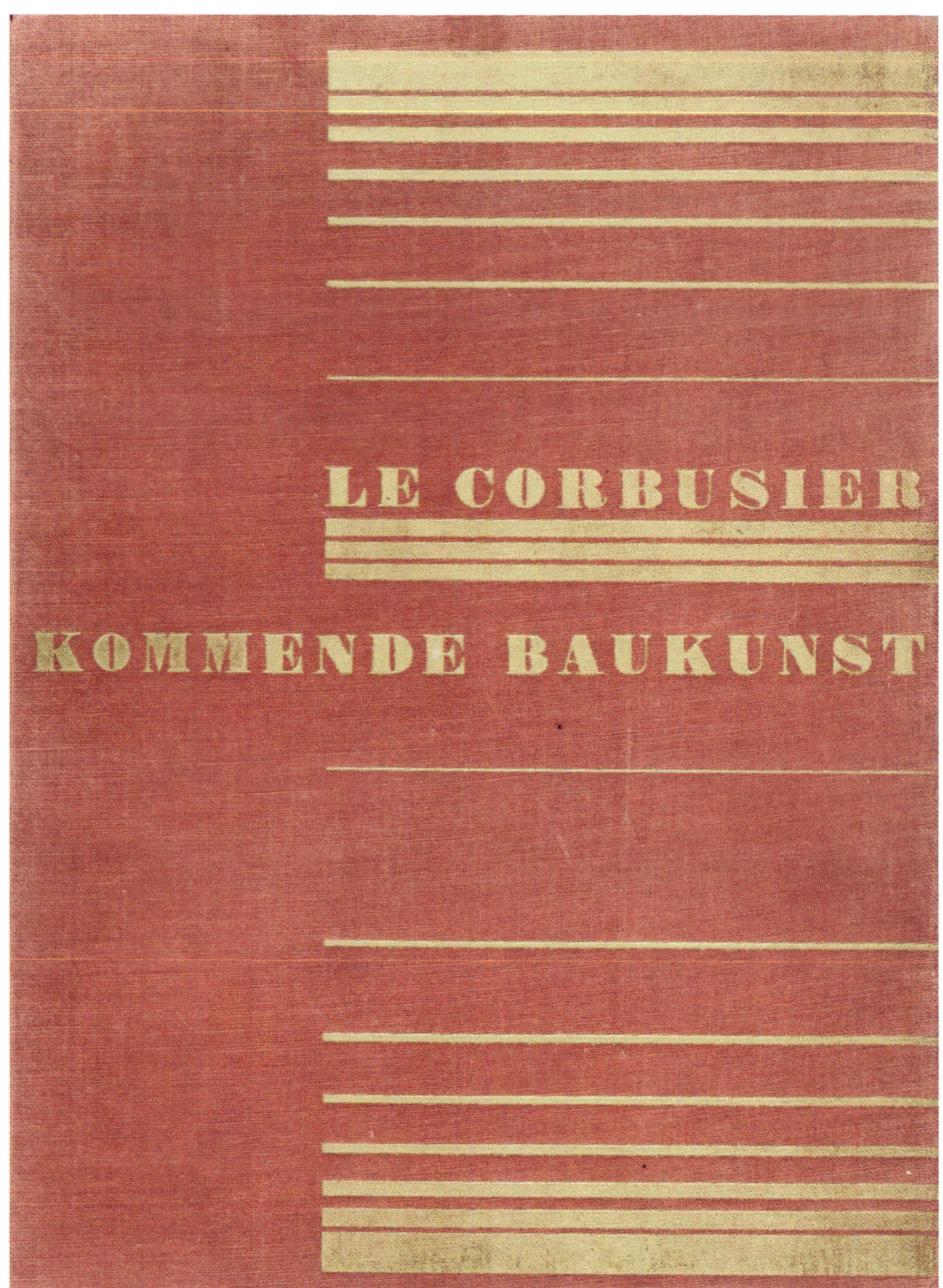

75 Richard Herre: Cover zu Le Corbusier: *Kommende Baukunst* (1926)

5 Rückblick auf eine Architektur

Was aber suchen Menschen – und insbesondere Architekten – in einer solchen Positionierung, die einem Eingehen in die Geschichte dienen und auch nach der Gebrauchstauglichkeit der Bauten noch weiterwirken soll? Es ist wohl nicht nur Orientierung – wie es Friedrich Schiller in seiner Antrittsrede in Jena 1789 formulierte – indem wir „an dieser unvergänglichen Kette, die durch alle Menschengeschlechter sich windet, unser fliehendes Dasein zu befestigen"[328] bestrebt sind, sondern auch eine Art Sinngebung, indem die Fakten aus der „kleinen Summe der Begebenheiten",[329] die auf uns überkommen ist, durch „künstliche Verbindungsglieder […] zu einem vernunftgemäßen zusammenhängenden Ganzen werden".[330]

Die Kette, an die sich die Monumentalbauten von Kreis in ganz konventioneller Weise hängen wollten, aber auch die Kette, deren Mission Gropius erfüllen wollte, war eine lineare, wohingegen die Kette von Taut geschlossen war: Tauts Entwürfe entstanden im Bewusstsein eines ewigen Zyklus von Werden und Vergehen, Gropius fühlte sich als Teil einer Entwicklung, die zwangsläufig zum Primat der von ihm vertretenen Architekturauffassung führen würde, und Kreis war bestrebt, mit architektonischer Form und massiver Bauweise Zeit und Mode zu überwinden.

Würde man die Baupraxis als planmäßigen Versuch, als Experiment betrachten, zu dessen Gelingen Architekten, Statiker und Handwerker allerdings gleichermaßen immer wieder verpflichtet sind, könnte man sich fragen, ob diese ohne historische Betrachtung überhaupt möglich wäre: Der Wissenschaftstheoretiker Erhard Oeser erläuterte, wenn sich der Autor hier richtig an dessen Vorlesungen an der Universität Wien erinnert, dass die Wissenschaft sich in einem ständigen Kreislauf befindet, der aus Informationen zu Hypothesen führt, aus denen sich Theorien entwickeln. Zu deren Bestätigung oder Falsifizierung würden dann die daraus abgeleiteten Prognosen im Experiment überprüft. Stimme die aus dem Experiment gewonnene Information mit der Prognose überein, sei man also im Besitz der Wahrheit, schließe sich diese Kette der Erkenntnis zu einem Kreis. Dieser besteht aber nur so lange, bis ein Experiment

---

328 Schiller (1857), S. 378f.
329 Schiller (1857), S. 372.
330 Schiller (1857), S. 374.

Spielarchitektur und Baukunst

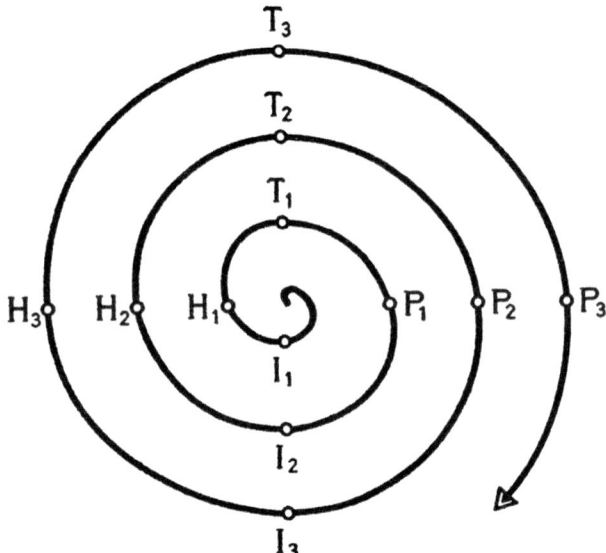

76 Erhard Oeser: Modell des erfahrungswissenschaftlichen Erkenntnisprozesses. Aus: Erhard Oeser: *Wissenschaftstheorie als Rekonstruktion der Wissenschaftsgeschichte* (1979), S. 25

die Theorie falsifiziert und es durch den vermeintlichen Fehler zu einem Erkenntnisgewinn kommt, der sich in einem idealerweise spiralförmigen Modell, das wir hier als offene Kette ansehen können, darstellen lässt. Sähe man als Baupraktiker das erkenntnistheoretische Modell von Erhard Oeser als eine Art Architekturmodell an, so würde man Geschichte als Informationsauswertung und -gewinnung zum linken unteren Segment, oben natürlich die Theorie und rechts unten die Baupraxis anschreiben. Damit würde einem klar: Es gibt keine Theorie ohne Geschichte, und es gibt keine Geschichte ohne Baupraxis, die ja ihr Betrachtungsgegenstand ist. Und Praxis ist jedenfalls per definitionem Anwendung einer Theorie.

In der Theorie der Architektur und der Künste müsste man bei einer solchen Betrachtung allerdings differenzieren: Der reflektierende Autor, wie etwa der Verfasser dieser Veröffentlichung, hat sich kritische Fragen nach den Beweisen seiner Spekulationen gefallen zu lassen und hat zu bekennen, wenn er sie nicht vollständig liefern kann. Es würde aber wohl nicht viel Erkenntnis bringen, die ‚Theorien' der schaffenden Architekten, wie auch ganz allgemein der Künstler, durch kritische Befragung der Fakten falsifizieren zu wollen. Vielmehr sind diese eher als Teil des Werkes selbst zu betrachten und können so zu dessen Verständnis beitragen. Beispielsweise kritisiert Durand in seiner Behandlung des Mimesiskomplexes den Amateur Laugier[331] dafür, dass er die Legende vom Zimmermannstempel wörtlich

---

331 Durand (1831), S. 6ff.

nimmt und noch weiter zurückgreifend zum Ausgangspunkt seiner Überlegungen macht. Obwohl diese Legende wohl keine historische Erkenntnis über den Ursprung der Architektur birgt, lieferte sie doch ein historisches Vorstellungsbild, das sich in den Bauten späterer Architektengenerationen verwirklichte.

Wollte man wie die Architekten nach dem Ersten Weltkrieg einen Neuanfang suchen, dann läge es nahe, auf diesen (dunklen) Ursprung der Erkenntnisspirale zu zielen, dort, wo wir Architekten die Urhütte und das unschuldige Bauen (des Kindes), jedenfalls aber nicht (Stil-) Architektur vermuten. Durand erteilt der Idee der Urhütte, die als Ursprung des Zimmermannstempels die Säulenordnungen der Architektur hervorgebracht haben soll, unter anderem mit folgendem Argument eine Absage: „Die Säulen haben entweder Basen nebst Kapitälen oder wenigstens Kapitäle; denn einen bloßen Zylinder wird niemand für eine Säule gelten lassen. Nun aber gewahrt man nichts von Allem dem an den Baumstämmen oder Pfosten, welche die Hütte tragen."[332] Der hier pejorativ angewandte Begriff des Pfostens scheint bei Le Corbusier aber wieder aufgenommen zu werden,[333] um sich von der historisch aufgeladenen Säule aus der Stilarchitektur zugunsten eines auf das ursprüngliche Bauen referierenden Begriffs abzusetzen. Diese Pfosten werden von ihm auch wie bei Durand in einem Raster und nicht in der nur wechselseitig bezogenen Abhängigkeit der Säulenstellungen angeordnet. So gesehen hätte man es beim „Dom-ino-System", das er um 1915 entwickelt hatte und das konstruktive Voraussetzung seiner *Fünf Punkte zu einer neuen Architektur*[334] werden sollte, mit einer modernen, technologisch avancierten[335] Analogie zur Urhütte zu tun, da auch hier die Säule als Pfosten rein der Notwendigkeit verpflichtet wäre.[336] Besonders wenn man Adolf Behnes *Die Wiederkehr der Kunst* mit dem etwa gleichzeitig geschriebenen *Après le cubisme* von Ozenfant und

---

332 Durand (1831), S. 9.
333 Le Corbusier und Pierre Jeanneret (1927), S. 5.
334 Ebd.
335 S. Eleanor Gregh: *The Dom-ino idea*. In: *Oppositions* 15/16, MIT Press (1979), S. 61ff. Man darf als vielleicht durch berufliche Kleinlichkeit deformierter Architekt und Leser von *Kommende Baukunst* erstaunt sein, dass Le Corbusier im Alter von 36 Jahren, nachdem er bereits einige ausgeführte Bauten vorweisen konnte, zumindest aus heutiger Sicht offenbar wenig baupraktisches Wissen besaß: Fertigteildecken wie bei Gregh beschrieben sind jedenfalls zwischen zwei linearen Auflagern geeignet, sodass die Konstruktion eher eine Ortbetonplatte erfordern würde. Die geringe Plattenstärke dürfte dabei Pilzköpfe gegen ein Durchstanzen notwendig machen. Die ebenfalls sehr zart dimensionierten Stahlbetonsäulen scheinen ohne Queraussteifung nicht stabil, und wenn diese durch ein Füllmauerwerk gewährleistet würde, müsste dieses jedenfalls massiv und nicht leicht sein. Die Platte unter dem Erdgeschoss soll oberhalb des Erdbodens auf sechs Würfeln errichtet werden, was ohne frostfreie Gründung darunter ohnehin nicht möglich wäre.
336 Vgl. auch Antoine Picon: *Dom-ino: Archetype and Fiction*. In: *Log*, Nr. 30 (Winter 2014), S. 169–175.

Spielarchitektur und Baukunst

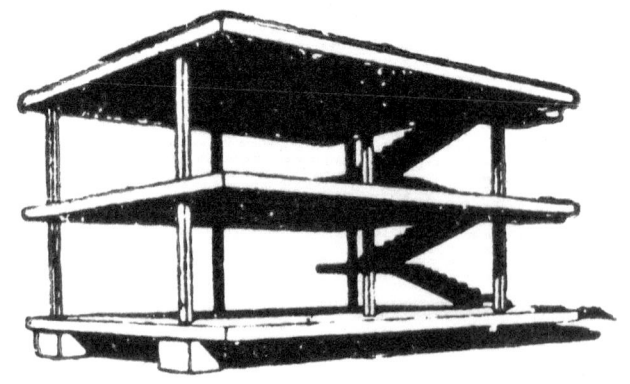

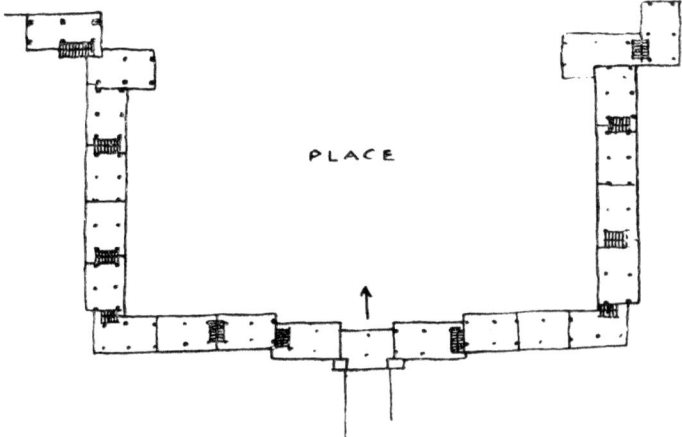

77 Le Corbusier: Dom-ino-Gerippe, 1915. Perspektive und Grundriss. Aus: Le Corbusier: *Kommende Baukunst* (1926), S. 199

Jeanneret vergleicht, fällt auf, dass der Einsatz moderner Technik im Ersten Weltkrieg beim frankophilen Schweizer Le Corbusier anders als bei den drei deutschen Architekten, von denen oben die Rede war, offenbar keine kritische Distanz erzeugt hat. Ganz im Gegenteil wird die Kriegswirtschaft als Impulsgeber aufgefasst: „Der Krieg hat die Schläfer wachgerüttelt. [...] Und nachdem der Faden einmal eingefädelt ist, und nachdem man fabrikmäßig so viele Kanonen, Flugzeuge, Lastwagen, Eisenbahnwagen hergestellt hat, fragt man sich: Könnte man nicht Häuser fabrizieren? [...] Das Haus wird kein archaisches Wesen mehr sein [...]."[337]

Le Corbusier erweist in seinem Aufsatz über *Häuser im Serienbau*, an dessen Anfang das Dom-ino-System präsentiert wird, am Schluss aber Laugier seine

---

337 Le Corbusier: *Kommende Baukunst*. Stuttgart, Berlin und Leipzig: Deutsche Verlagsanstalt (1926), S. 197.

Reverenz, indem er von ihm, wenn auch in anderem Zusammenhang, als „höchst intelligente[m] Abbé"[338] spricht. Worauf Le Corbusier dabei anspielt, ist hier unbekannt, vielleicht auf eine Stelle im vierten Artikel des ersten Kapitels des *Essays*, wo es um die Gestaltung des Tuillerien-Palastes geht,[339] oder eventuell auf den dritten Artikel des fünften Kapitels, wo die Verschönerung von Paris Thema ist.[340] Jedenfalls kann man sich als Architekt gut vorstellen, dass sich ein junger Kollege, der in Paris diese bewusst unrealistischen Vorschläge zur Neugestaltung der Stadt liest, herausgefordert sieht, mehr als 170 Jahre später ein Projekt wie den Plan Voisin auszuarbeiten. Es würde sich dann vielleicht auch erklären, warum in Le Corbusiers *Städtebau* auf der Perspektive des Faltplans der *Stadt der Gegenwart*[341] im Vordergrund über einer vielleicht zehnspurigen Schnellstraße etwas so Unzeitgemäßes wie ein Triumphbogen zu sehen ist, denn diese fordert Laugier für die Zugänge der Städte.[342]

Was das Dom-ino-Projekt auch mit Laugiers Urhütte, die natürlich eher aus der Maison carée hergeleitet scheint als umgekehrt,[343] verbindet, ist ein weiterer Kritikpunkt Durands, dass nämlich das Haus zunächst lediglich als Dach auf Stützen gesehen wird: „Was ist es auch um eine allen Winden offene Hütte, die der Mensch mühsam errichtet und die ihn vor nichts birgt?"[344] Wesentlich ist dabei aber natürlich die Trennung von Tragstruktur und Raumabschluss. In den Illustrationen der *Fünf Punkte zu einer neuen Architektur*[345] scheint Le Corbusier in dem dadurch gewonnenen freien Grundriss, anders als in seinen ausgeführten Bauten, bemüht, Wand und

---

338 Le Corbusier (1926), S. 233 und auch Le Corbusier: *Städtebau*. Stuttgart, Berlin und Leipzig: DVA (1929), S. 64. S. dazu auch Wolfgang Herrmann: *Leben und Werk des Abbé Laugier*. In: Marc-Antoine Laugier: *Das Manifest des Klassizismus*. München, Zürich: Artemis (1989), S. 7ff., hier S. 19 und Anm. 22 der Hinweis von Bernhard Hoesli.
339 Laugier (1989), S. 57, wo es heißt: „Die Pavillons sollten als Risalite gebaut werden, die Gebäudeteile in ihrer Höhe unterschiedlich sein, es sollte viel Einheit und noch mehr Vielfalt herrschen."
340 Laugier (1989), S. 179ff.
341 S. Le Corbusier (1929).
342 Laugier (1989), S. 171. Le Corbusiers Triumphbogen auf dem Diorama von 1922 scheint bei genauerer Betrachtung (vor allem der rechten Seitenfront) zudem mit vier Repliken der Nike von Samothrake aus dem Louvre geschmückt zu sein, die ja im futuristischen Manifest als Messlatte der Ästhetik dient. Der Schiffsrumpf fungiert offenbar gleichzeitig als Schussstein der Wölbungen, wie als Konsole der Skulptur.
343 Laugier (1989), S. 36.
344 Durand (1831), S. 10.
345 Hier nach *Le Corbusier et Pierre Jeanneret. Œuvre complète 1910–1929*, Zürich: Artemis (1988), S. 129.

Spielarchitektur und Baukunst

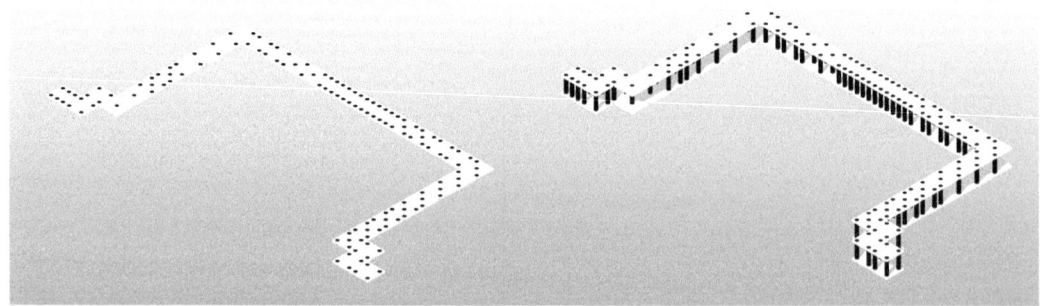

78 Domino-Legespiel.
Illustration des Verfassers

Säule nicht zu verbinden und damit den „ersten Fehler"[346] bei Laugier zu vermeiden; allerdings begeht er den „zweiten", wenn er im Dom-ino-Projekt Stahlbetonpfeiler anstatt Säulen verwendet.[347]

Diese ‚Urhütten', die wie die Crannog-Hütten[348] zweigeschossig sind, wären so als moderne Analogie mit der Suche nach der Herkunft des vitruvianischen Zimmermannstempels verbunden.[349] Beides illustrierte Le Corbusier in Skizzen, die er in Une Maison – Un Palais publizierte. Auch wenn Dom-ino ein Wortspiel von „Domus" und „Industrie" sein soll,[350] werden die Einzelelemente von Le Corbusier wie die Steine im Domino-Legespiel aneinandergereiht, womit auch wieder auf das unschuldige Spiel des Kindes Bezug genommen wird. Dabei werden – so scheint es – die Augen der Spielsteine als Grundrissdarstellungen von Säulen gelesen.

In der Urhütte wird also jenes ursprüngliche Bauen imaginiert, das Architektur ohne Theorie wäre, da es in ihr aus elementaren Bedürfnissen und nicht aus göttlichem Ursprung hergeleitet wird.[351] Der „edle Wilde" ist aber eher ein auf der kul-

---

346 Laugier (1989), S. 38. Für die Säule formuliert auch Laugier *Fünf Punkte* (ebd., S. 37). Le Corbusier verwendet allerdings, wenn er auf den Ursprung der Architektur Bezug nimmt, Illustrationen von Auguste Choisy, in: Le Corbusier (1926). S. 54f. das Bundeszelt und in größerer Zusammenschau in: Le Corbusier: *Almanach d'Architecture Moderne*. Paris: Crès (1925), S. 8ff. Dort auf S. 10 allerdings dann der Zimmermannstempel.
347 Laugier (1989), S. 40 und dann die Gleichsetzung von Pfeiler und Pilaster auf S. 48.
348 S. Vogt (1996), S. 154ff. und auch: Anita Aigner: *Das Vernakuläre als Berufungsinstanz für die moderne Avantgarde. Le Corbusier, die Volkskunst und das einfache Bauen*. In: Anita Aigner (Hg.) *Vernakuläre Moderne. Grenzüberschreitungen in der Architektur um 1900. Das Bauernhaus und seine Aneignung*. Bielefeld: transcript (2010), S. 287ff.
349 Vogt (1996), S. 164.
350 So Barry Bergdoll, Peter Christensen: *Home delivery*. New York: Museum of Modern Art (2008,) S. 52.
351 Vgl. dazu: Freigang (2012), S. 389ff.

Rückblick auf eine Architektur

79 Crannog-Hütte und Zimmermannstempel. Aus: Le Corbusier: *Une Maison – Un Palais* (1928), S. 39 und 43

turellen Basis des Betrachters idealisiertes, trotzdem aber vielleicht kolonialistisch geprägtes Konstrukt,[352] das eventuell vor allem auf Unwissenheit[353] über indigene Kulturen basiert, und auf dieser Ebene wäre Baukunst lediglich die Kehrseite einer Stilarchitektur, in der alle Bauformen der dominierten Kulturen kanonisiert

---

352 Le Corbusier begründet die Verwendung der „Aufriss=Regler", die er ja von Thiersch übernimmt, damit, dass schon der „primitive Mensch" mathematische Verhältnisse in der Architektur angewendet habe, und formuliert, um dies zu bekräftigen: „Es gibt keinen primitiven Menschen, es gibt nur primitive Werkzeuge." S. Le Corbusier (1926), S. 53. In *Städtebau* werden der „rechte Winkel und die Gerade" an der Hütte des Wilden gefunden [Le Corbusier (1929), S. 23]; die dort abgebildete „Hütte des Wilden" ist allerdings kreisrund. S. Le Corbusier (1929), S. 17. S. auch Einstein (1920), S. 5.

353 S. Einstein (1920), S. 6: „Die Kenntnisse von afrikanischer Kunst sind im ganzen gering und unbestimmt [...]."

80 Le Corbusier: Eine Stadt der Gegenwart. Diorama der City, 1922. Aus: Le Corbusier: *Städtebau* (1929), Faltplan (Ausschnitt)

und angeeignet wurden.[354] Suchen wir hingegen die theoriefreie Unschuld beim Kind, übersehen wir, dass dieses vom ersten Moment seines Daseins durch Nachahmung und Zuwendung lernt. Ungeduldig packt Kreis seinen Baukasten gleich wieder ein, als sein Patenkind es ihm nicht gleichtun kann. Aber auch „das Kind, solange es noch nicht den Einflüssen der Erwachsenen unterlegen ist",[355] wie Taut es imaginiert, kann, wenn es mit dem Dandanah-Baukasten spielt, nur eine Art transparenten Klassizismus hervorbringen, der die Gläserne Kette illustriert, in welcher alles Bauen aufgehoben sein soll. Und Gropius, der seine architekturtheoretischen Überlegungen plakativ als eine Art infantiles Regredieren darstellt, hantiert mit dem palladianischen Villenschema und nicht mit beliebigen „Klötzchen".[356]

Die Idee des theoriefernen Bauens ist also insofern eine Illusion, als dass dessen Unterstellung bereits eine Theorie ist. Sie ist allenfalls die vorweggenommene Anschauung eines Geschichtsbildes, das aber nur als Analogie zur Architekturgeschichte gedacht werden kann, indem sie ihren Gegenstand, wenn auch am allerersten Anfang, in eine imaginäre historische Betrachtung einreiht, bevor diese unweigerlich wieder in die Architekturgeschichte zurückfällt.

---

354 Vgl. zum Beispiel Albrecht Rosengarten: *Die architektonischen Stylarten*. Braunschweig: Vieweg (1874).
355 Taut (1920) nach Speidel (2007), S. 125.
356 Nerdinger (1987), S. 47.

So gesehen ist es zwar nachvollziehbar, das theoriefreie ursprüngliche Bauen zur Begründung einer Erneuerung der Architektur zu suchen, aber vergebens. Im historischen Kontinuum sind Theorie und Geschichte untrennbar miteinander verbunden. Wie auch die Architekturgeschichte der frühen Moderne zeigt, können wir nicht anders, als diese *unvergängliche Kette* fortzusetzen. Sie ist, wenn auch nicht vollständig bekannt, rückwirkend unveränderbar. Es steht uns dabei lediglich frei, die Information, das Ergebnis der Baupraxis, in der historischen Betrachtung neu zu verhandeln.

Literatur

Aigner, Anita: *Das Vernakuläre als Berufungsinstanz für die moderne Avantgarde. Le Corbusier, die Volkskunst und das einfache Bauen.* In: Anita Aigner (Hg.): *Vernakuläre Moderne. Grenzüberschreitungen in der Architektur um 1900. Das Bauernhaus und seine Aneignung.* Bielefeld: transcript (2010) S. 287ff.

Behne, Adolf: *Die Wiederkehr der Kunst.* Leipzig: Wolff (1919)

Bergdoll, Barry/Christensen, Peter: *Home delivery.* New York: Museum of Modern Art (2008)

Behrens, Peter/de Fries, H.: *Vom sparsamen Bauen.* Berlin: Bauwelt (1918)

van Bergeijk, Herman: *„Ein großer Vorsprung gegenüber Deutschland". Die niederländischen Architekten auf der Bauhausausstellung von 1923 in Weimar.* In: RIHA Journal 0064, 17 January 2013

Berlage, H. P.: *Grundlagen und Entwicklung der Architektur.* Berlin: Brad (1908)

Block, Fritz (Hg.): *Probleme des Bauens.* Potsdam: Müller & Kiepenheuer (1928)

Bressel, Michaela: *Mandala – universelles Grundschema in der Architektur.* Universität Graz, Dipl.-Arb. (1997)

Brinckmann, A. E.: *Die Baukunst des 17. und 18. Jahrhunderts.* Berlin: Athenaion (1919)

Brinckmann, A. E.: *Plastik und Raum als Grundformen künstlerischer Gestaltung.* München: Piper (1922)

Burger, Fritz: *Die Villen des Andrea Palladio.* Leipzig: Klinkhardt & Biermann (1909)

Busch, Carl: *Die Baustyle.* Leipzig: Spamer (1864)

Corboz, André: *Die Kunst, Stadt und Land zum Sprechen zu bringen* (Bauwelt Fundamente 123). Berlin, Basel, Boston, Gütersloh: Bertelsmann/Birkhäuser: (2001)

Cornelius, Hans: *Elementargesetze der bildenden Kunst*. Leipzig und Berlin: Teubner (1908)

Deschan, André: *Im Schatten von Albert Speer. Der Architekt Rudolf Wolters*. Berlin: Gebr. Mann (2016)

Deutsche Bauzeitung: *Die Anlage und die Hauptbauten der Baufach-Ausstellung in Leipzig 1913*. In: DBZ 47 (1913), Nr. 65/66

Betonhalle auf der Internationalen Baufachausstellung zu Leipzig. In: DBZ *Mitteilungen über Zement-, Beton- und Eisenbetonbau* 9 (1912), Nr. 22, S. 169ff.

van Doesburg, Theo: *De architect J. J. P. Oud. Voorganger der „kubisten" in de bouwkunst?* In: *De Bouwwereld* 21 (16. Juli 1922), Nr. 30, S. 229

Drach, Alhard von: *Das Hütten-Geheimnis vom Gerechten Steinmetzen-Grund in seiner Entwicklung und Bedeutung für die Kirchliche Baukunst des Deutschen Mittelalters dargelegt durch Triangulatur=Studien*. Marburg: Elwert'sche Verlagsbuchhandlung (1897)

Durand, J. N. L.: *Abriß der Vorlesungen über Baukunst gehalten an der polytechnischen Schule zu Paris*. Karlsruhe und Freiburg: Werdersche Kunst- und Buchhandlung (1831)

Einstein, Carl/Westheim, Paul: *Europa-Almanach*. Potsdam: Kiepenheuer (o. J.) [1925]

Einstein, Carl: ~~Neger~~*plastik*. München: Wolff (1920)

Engelmann, Christine/Schädlich, Christian: *Die Bauhausbauten in Dessau*. Berlin: Verlag für Bauwesen (1991)

Fischer von Erlach, Johann Bernhard: *Entwurff einer historischen Architektur*. Wien (1721)

Frankl, Paul: *Die Entwicklungsphasen der neueren Baukunst*. Leipzig und Berlin: Teubner (1914)

Freigang, Christian: *Gott als Baumeister*. In: Winfried Nerdinger (Hg.): *Der Architekt. Geschichte und Gegenwart eines Berufsstandes*. München: Prestel (2012), Bd. 2, S. 383ff.

de Fries, Heinrich: *Moderne Villen und Landhäuser*. Berlin: Wasmuth (1924)

de Fries, Heinrich: *Junge Baukunst in Deutschland*. Berlin: Stollberg (1926)

Giedion, Sigfried: *Bauhaus und Bauhauswoche.* In: Das Werk (Heft 9/1923), S. 232ff.

Gleizes, Albert: *Kubismus* (Bauhausbücher 13). Faksimile-Nachdruck der Ausgabe von 1928. Mainz: Kupferberg (1980)

Gregh, Eleanor: *The Dom-ino idea*. In: *Oppositions* 15/16, MIT Press (1979), S. 61ff.

Gropius, Walter: *Programm des staatlichen Bauhauses in Weimar* (1919). BHA 6806_b (Digitalisat)

Gropius, Walter: *Neues Bauen*. In: *Der Holzbau.* Beilage zur DBZ (1920), Nr. 2, S. 5

Gropius, Walter: *Internationale Architektur* (Bauhausbücher 1). München: Albert Langen (1927)

Gropius, Walter: *bauhausbauten dessau* (Bauhausbücher 12). München: Albert Langen (1930)

Gropius, Walter: *Programme for the Establishment of a Company for the Provision of Housing on Aesthetically Consistant Principles*. In: *Gropius at Twenty-six. The Architectural Review* 130 (1961), S. 49ff.

Haeckel, Ernst: *Kristallseelen*. Leipzig: Kröner (1917)

Harrison, Charles/Wood, Paul (Hg.): *Kunsttheorie im 20. Jahrhundert*. Ostfildern-Ruit: Hatje (1998)

Heilmeyer, Alexander (Hg.): *Adolf von Hildebrand*. München: Albert Langen (1922)

Henry [Kahnweiler], Daniel: *Der Weg zum Kubismus*. München: Delphin (1920)

Hesse-Frielinghaus, Herta et al.: *Karl Ernst Osthaus. Leben und Werk*. Recklinghausen: Bongers (1971)

Hilberseimer, Ludwig: *Groszstadtarchitektur*. Stuttgart: Hoffmann (1927)

von Hildebrand, Adolf: *Das Problem der Form*. Straßburg: Heitz & Mündel (1901)

Höber, Fritz: *Peter Behrens*. München: Müller und Rentsch (1913)

Ilgner, Alfred: *Kindgemäßes Spielzeug*. In: *Die neue Erziehung* 6 (1924), S. 658ff.

Institut für wissenschaftlichen Film Göttingen (K. Arndt/H. Döhl): *Das Wort aus Stein* (Film Denkdokumente zur Zeitgeschichte G47/1959), Göttingen (1965)

Isaacs, Reginald R.: *Walter Gropius. Der Mensch und sein Werk*. 2 Bde. Berlin: Gebr. Mann (1983/1984)

Jaeggi, Annemarie: *Adolf Meyer. Der zweite Mann. Ein Architekt im Schatten von Walter Gropius*. Berlin: Argon (1994)

Kandinsky, Wassily: *Punkt und Linie zu Fläche*. Bern: Benteli (1973)

Kant, Immanuel: *Über den Gemeinspruch: Das mag in der Theorie richtig sein, taugt aber nicht für die Praxis*. In: Wilhelm Weischedel (Hg.): *Immanuel Kant. Schriften zur Anthropologie, Geschichtsphilosophie, Politik und Pädagogik 1* (Werkausgabe Bd. XI). Frankfurt am Main: Suhrkamp (1977)

Klee, Paul: *Das bildnerische Denken*. Basel/Stuttgart: Schwabe (1971)

Koerner, Alfred: *Die Bauten des Königlich Botanischen Gartens in Dahlem*. Berlin: Ernst & Sohn (1910)

Krasny, Elke: *Architektur beginnt im Kopf. The Making of Architecture*. Basel/Boston/Berlin: Birkhäuser (2008)

Literatur

Krauss, Heinrich: *Das erste Eisenbeton-Hochhaus Deutschlands*. In: DBZ 46/47 (1912), Beilage Nr.12 *Konstruktion und Bauausführung*, S. 89ff.

Kreis, Wilhelm: *Wilhelm Kreis (Neue Werkkunst)*. Berlin/Leipzig/Wien: Hübsch (1927)

Kries, Mateo/von Vegesack, Alexander (Hg.): *Le Corbusier: Studie über die Deutsche Kunstgewerbebewegung*. Weil am Rhein: Vitra Design Museum (2008)

Bauhaus 1919–1933. Ausst.-Kat. Kunstgewerbemuseum Zürich (1988)

Laugier, Marc-Antoine: *Das Manifest des Klassizismus*. München/Zürich: Artemis (1989)

Le Corbusier: *Almanach d'architecture moderne*. Paris: Crès (1925)

Le Corbusier: *Kommende Baukunst*. Stuttgart/Berlin/Leipzig: Deutsche Verlagsanstalt (1926)

Le Corbusier: *Städtebau*. Stuttgart/Berlin/Leipzig: DVA (1929)

Le Corbusier: *Une Maison – Un Palais*. Paris: Crès (1928)

Le Corbusier: *Ausblick auf eine Architektur* (Bauwelt Fundamente 2). Braunschweig/Wiesbaden: Vieweg (1982)

Le Corbusier: *Der Modulor*. Stuttgart: DVA (1978)

Le Corbusier et Pierre Jeanneret Œuvre complète 1910–1929. Zürich: Artemis (1988)

Leinweber, Ulf: *Baukästen! Technisches Spielzeug vom Biedermeier bis zur Jahrhundertwende* (Schriften zur Volkskunde 7). Staatliche Museen Kassel (1999)

Luyken, Gunda (Hg.): *Kunst – ein Kinderspiel*. Ausst.-Kat. Kunsthalle Schirn Frankfurt. Frankfurt: Revolver (2004)

Mahlberg, Paul: *Schinkels Theaterdekorationen*. Düsseldorf: Druck A. Bagel (1916)

Spielarchitektur und Baukunst

Maryška, Christian: *Der Ingenius-Baukasten. Zusammenfassung der Rechercheergebnisse*. Typoskript TU Wien (1994)

Maßsystem und Raumkunst. Das Werk des Architekten, Pädagogen und Raumgestalters J. L. M. Lauweriks. Ausst.-Kat. Kaiser Wilhelm Museum, Krefeld, Karl Ernst Osthaus Museum, Hagen, Museum Boymans van Beunigen, Rotterdam (1987)

von Mecenseffy, Emil: *Die künstlerische Gestaltung der Eisenbetonbauten*. (Erster Ergänzungsband des Handbuchs für Eisenbetonbau). Berlin: Ernst & Sohn (1911)

Meissner, Karl: *Wilhelm Kreis*. Essen: Baedeker (1925)

Meyer, Adolf: *Ein Versuchshaus des Bauhauses* (Bauhausbücher 3). München: Albert Langen [1925]

Möller, Volker: *Indische Architektur*. In: Herbert Härtel/Jeannine Auboyer: *Propyläen Kunstgeschichte* Bd. 16. Berlin: Propyläen (1971), S. 197ff.

von Moos, Stanislaus (Hg.): *L'Ésprit Nouveau. Le Corbusier und die Industrie 1920–1925*. Museum für Gestaltung Zürich.Berlin: Ernst & Sohn (1987)

Muthesius, Hermann: *Stilarchitektur und Baukunst*. Mühlheim an der Ruhr: Schimmelpfeng (1902)

Muthesius, Hermann: *Die Werkbundarbeit der Zukunft*. Jena: Diederichs (1914)

Nerdinger, Winfried: *Walter Gropius*. Berlin: Gebr. Mann (1985)

Nerdinger, Winfried/Mai, Ekkehard (Hg.): *Wilhelm Kreis*. München/Berlin: Kinkhardt und Biermann (1994)

Noschka, Anette/Knerr, Günter: *Bauklötze staunen*. Deutsches Museum München. München: Hirmer (1986)

Oswald, Franz/Oechslin, Werner (Hg.): Le Corbusier im Brennpunkt. Zürich: Verlag der Fachvereine an den schweizerischen Hochschulen und Techniken (1988)

Ozenfant, Amédée/Jeanneret, Charles Edouard: *After Cubism*. In: Carol S. Eliel: *Purism in Paris*. Los Angeles: Abrams (2001), S. 129ff.

Pazaurek, Gustav: *Modernes Spielzeug*. In: *Velhagen & Klasings Monatshefte* 40 (Dezember 1925), H. 4, S. 437f.

Pazaurek, Gustav: *Kunstgläser der Gegenwart*. Leipzig: Klinkhard & Biermann (1925)

Picon, Antoine: *Dom-ino: Archetype and Fiction*. In: *Log* (Winter 2014), Nr. 30, S. 169ff.

Platz, Gustav Adolf: *Die Baukunst der neuesten Zeit*. Berlin: Propyläen (1927)

Posener, Julius: *Architektur und Bauen*. In: *Umriss* 1/1987. Wien: MAK (1987), S. 9ff.

Prange, Regine: *Das Kristalline als Kunstsymbol. Bruno Taut und Paul Klee* (Studien zur Kunstgeschichte 63). Hildesheim/Zürich/New York: Olms (1991)

Prange, Regine: *Kunstwollen und Bauwachsen. Zum Mimesiskonzept in Bruno Tauts Architekturphantasien*. In: Eggert, Hartmut/Schütz, Erhard/Sprengel, Peter (Hg.): *Faszination des Organischen: Konjunkturen einer Kategorie der Moderne*. München: iudicium (1995), S. 103–143

Prostermann, Norman: *Inventing Kindergarten*. New York: Abrams (1997)

Rave, Paul Ortwin: *Karl Friedrich Schinkel*. Bearbeitet von Eva Börsch-Supan. München: Deutscher Kunstverlag (1981)

Rehm, Robin: *Bruno Tauts unknown drawing. A history of a design for Monument des Eisens (Monument of Iron) of 1913*. In: *Quart (Quarterly of the Institute of Art History at the University Wrocław)* Nr. 27 (2013), S. 96–106

Riley, Terence/Bergdoll, Barry (Hg.): *Mies in Berlin. Ludwig Mies van der Rohe. Die Berliner Jahre 1907–1938*. München/Berlin/London/New York: Prestel (2001)

Rosengarten, Albrecht: *Die architektonischen Stylarten*. Braunschweig: Vieweg (1874)

Spielarchitektur und Baukunst

Roth, Alfred: *Zwei Wohnhäuser von Le Corbusier und Pierre Jeanneret*. Stuttgart: Wedekind (1927)

Roth, Fedor: *Hermann Muthesius*. Berlin: Gebr. Mann (2001)

Rowe, Colin/Slutzky, Robert: *Transparenz* (gta 4). Basel/Stuttgart: Birkhäuser (1968)

Rykwert, Joseph: *On Adam's House in Paradise*. New York: MoMA (1972)

Scheerbart, Paul: *Glasarchitektur*. Berlin: Gebr. Mann (2000)

Schiller, Friedrich: *Was heißt und zu welchem Ende studiert man Universalgeschichte?* In: *Schillers sämtliche Werke in zwölf Bänden*, Bd. 10. Stuttgart/Tübingen: Cottascher Verlag (1857), S. 356ff.

Schmidt, Heinrich: *Philosophisches Wörterbuch*. Neu bearbeitet von Georgi Schischkoff. Stuttgart: Kröner (1982)

Schönberger, Angela: *Die neue Reichskanzlei von Albert Speer*. Berlin: Gebr. Mann (1981)

Seidl, Heinrich: *Friedrich Fröbel's Kindergartenwesen* (Pädagogische Klassiker 12/Neue Serie 2). Wien: Pichler's Witwe (1883)

Semper, Gottfried: *Ueber die bleiernen Schleudergeschosse der Alten*. Frankfurt: Verlag für Kunst und Wissenschaft (1859)

Semper, Gottfried: *Der Stil II*. München: Bruckmann (1863)

Siebenbrodt, Michael/Simon-Ritz, Frank: *Die Bauhaus-Bibliothek. Versuch einer Rekonstruktion*. Weimar: Bauhaus-Universität (2009)

Speidel, Manfred: *Bruno Taut. Natur und Fantasie 1880–1938*. Berlin: Ernst und Sohn (1995)

Speidel, Manfred/Kegel, Karl/Ritterbach, Peter: *Bruno Taut. Frühlicht. Konzeptkritik, Hefte 1–4, 1921–22* und *Rekonstruktion, Heft 5, 1922*. Berlin: Gebr. Mann (2000)

Speidel, Manfred: *Stadtkrone und Märchenpalast.* Deutsches Museum: Preprint 6 (2015) [Juli 2006]

Speidel, Manfred: *Bruno Taut. Ex oriente lux. Die Wirklichkeit einer Idee.* Berlin: Gebr. Mann (2007)

Stachowiak, Herbert: *Allgemeine Modelltheorie.* Wien/New York: Springer (1973)

Sting, Hellmuth: *Der Kubismus und seine Einwirkung auf die Wegbereiter der modernen Architektur.* TH Aachen, Diss. (1965)

Taut, Bruno: *Die Auflösung der Städte oder Die Erde eine gute Wohnung.* Hagen: Folkwang (1920)

Taut, Bruno: *Die neue Wohnung. Die Frau als Schöpferin.* Leipzig/Berlin: Klinkhardt: (1924)

Taut, Bruno: *Ein Wohnhaus.* Stuttgart: Keller (1927)

Taut, Bruno: *Bauen.* Leipzig/Berlin: Klinkhardt & Biermann (1927)

Taut, Bruno: *Der Weltbaumeister.* Berlin: Gebr. Mann (1999)

Thiekötter, Angelika u. a.: *Kristallisationen, Splitterungen. Bruno Tauts Glashaus.* Basel/Berlin/Boston: Birkhäuser (1993)

Thiersch, August: *Die Proportionen in der Architektur.* In: Josef Durm et al. (Hg.): *Handbuch der Architektur.* Vierter Teil, erster Halbband. Darmstadt: Diehl (1883), S. 38ff.

Vogt, Adolf Max: *Le Corbusier, der edle Wilde.* Braunschweig/Wiesbaden: Vieweg (1996)

Volkmann, Barbara: *Bruno Taut 1880–1938.* Berlin: Akademie der Künste, Ausst.-Kat. (1980)

Wachsmann, Konrad: *Holzhausbau.* Reprint der Ausgabe von 1930. Basel/Boston/Berlin: Birkhäuser (1995)

Spielarchitektur und Baukunst

Wagner, Heinrich: *Anlage des Gebäudes*. In: Josef Durm et al. (Hg.): *Handbuch der Architektur*. Vierter Teil, erster Halbband. Darmstadt: Diehl (1883), S.78ff.

Wattjes, J. G.: *Moderne Architectuur*. Amsterdam: Kosmos (1927)

Deutscher Werkbund: *Die Durchgeistigung der deutschen Arbeit. Ein Bericht vom Deutschen Werkbund*. Jena: Diederichs (1911)

Deutscher Werkbund und Deutsch-Türkische Vereinigung: *Das Haus der Freundschaft in Konstantinopel. Ein Wettbewerb deutscher Architekten*. München: Bruckmann (1918)

Windsor, Alan: *Peter Behrens. Architekt und Designer*. Stuttgart: DVA (1985)

Wittkower, Rudolf: *Grundlagen der Architektur im Zeitalter des Humanismus*. München: dtv (1983)

Wolters, Rudolf: *Neue deutsche Baukunst*. Hg. von Albert Speer. Berlin: Volk und Reich (1940)

Yagou, Artemis: *Modernist complexity in a small scale: The Dandanah glass building blocks of 1920 from an object-based research perspective"*, Deutsches Museum: Preprint 6 (2013) *research perspective* (Preprint 6). München: Deutsches Museum (2013)

Bildcredits

Rechte für die Werke von Walter Gropius, Gerhard Marcks, Ludwig Mies van der Rohe und Henry van de Velde © VG Bild-Kunst, Bonn 2024

Rechte für die Werke von Le Corbusier © F.L.C./ VG Bild-Kunst, Bonn 2024

Rechte für die Werke von Pablo Picasso © Succession Picasso/VG Bild-Kunst, Bonn 2024